# 时代楷模

2021

# 李桓英

## 致力于建设人类卫生健康共同体的麻风病防治专家

中共中央宣传部宣传教育局　编

学习出版社

**图书在版编目（CIP）数据**

时代楷模. 2021. 李桓英 / 中共中央宣传部宣传教育局编. -- 北京：学习出版社，2022.5

ISBN 978-7-5147-1130-1

Ⅰ. ①时… Ⅱ. ①中… Ⅲ. ①李桓英－先进事迹 Ⅳ. ①K820.7

中国版本图书馆CIP数据核字（2022）第026316号

**时代楷模·2021——李桓英**

SHIDAI KAIMO · 2021 —— LI HUANYING

中共中央宣传部宣传教育局　编

责任编辑：张　俊　朱仕娣
技术编辑：刘　硕　朱宝娟
装帧设计：和物文化

出版发行：学习出版社
北京市崇外大街11号新成文化大厦B座11层（100062）
010-66063020　010-66061634　010-66061646
网　　址：http://www.xuexiph.cn
经　　销：新华书店
印　　刷：北京市密东印刷有限公司

开　　本：710毫米×1000毫米　1/16
印　　张：9.5
字　　数：119千字
版次印次：2022年5月第1版　2022年5月第1次印刷

书　　号：ISBN 978-7-5147-1130-1
定　　价：32.00元

# 目录

CONTENTS

## 报道·视角

## 舆论·反响



## 评论·观点

## 文学·故事



## 视频·链接

# 人物档案

李桓英，1921年出生，北京友谊医院、北京热带医学研究所研究员，世界著名麻风病防治专家。

李桓英1946年留学美国，1950年成为世界卫生组织首批技术专家。1958年，她毅然放弃国外的优厚待遇回国，投身祖国的医疗卫生和麻风病防治事业。

20世纪80年代初，李桓英借鉴世界麻风病治疗先进经验，率先在国内开展非隔离的短程联合化疗，解决了麻风病治疗的世界性难题，现已在全世界推广。1996年，她又率先在国内开展消除麻风运动，首次提出了麻风病垂直防治与基层防治网相结合的模式，被称为全球最佳的治疗行动，实现了麻风病的早发现、早治疗。几十年来，李桓英的足迹遍布云贵川贫困边远地区7个地州59个县，行程上万公里，成千上万的麻风病患者恢复健康，重获新生。如今，高龄的李桓英教授依然坚持奋战在中国麻风病防治的第一线。

李桓英曾获国家科学技术进步奖一等奖、全国五一劳动奖章、首都十大道德模范等40余项国家及省部级荣誉。2021年8月20日，中共中央宣传部授予她“时代楷模”称号。

# 报道视角

# 用大爱护佑天下苍生

白剑峰

2021 年 8 月 17 日，一位满头银发的老人迎来了 100 周岁生日。北京友谊医院举行了简朴的仪式，为老人庆贺生日。面对鲜花和蛋糕，老人默默许下心愿："愿人类早日消灭麻风病，愿天下再无麻风病！"

李桓英，北京友谊医院、北京热带医学研究所研究员，世界著名麻风病防治专家。她选用的短程联合化疗方案得到世界卫生组织的认可并在全球推广，让数万名麻风病人重获新生。她把毕生精力都献给了全球麻风病防治事业，为推动构建人类卫生健康共同体作出重大贡献。

## "作为中国人，我渴望回到祖国的怀抱，把我最好的年华奉献给祖国"

李桓英，1921 年 8 月 17 日出生于北京。1945 年，毕业于上海同济大学医学院。1946 年，前往美国约翰斯·霍普金斯大学攻读细菌学和公共卫生学硕士学位，毕业后留校任微生物学系助理研究员。

1950 年，世界卫生组织成立。李桓英因成绩优异，被美国约翰

1954—1955 年，李桓英在仰光巴士德研究所

斯·霍普金斯大学推荐担任世卫组织首批官员。任职 7 年间，她被派往亚洲、美洲等许多地区，为遏制传染病蔓延作出艰苦努力，受到世卫组织的好评。

1957 年，在李桓英工作期满时，世界卫生组织主动提出与她续签合同。然而，李桓英亲眼看到不少国家由于贫穷而导致疾病流行，深感新中国更需要自己。

“当时，新中国成立不久，百废待兴，正是急缺人才之际。我曾在美国杂志上看到过钱学森的名字，当听到他毅然回国的消息时，内心有了很深的触动。作为中国人，我渴望回到祖国的怀抱，把我最好的年华奉献给祖国。”李桓英回忆说。

当时，李桓英全家已移居美国，父母兄妹都希望她留在美国。但是，她婉言谢绝了世卫组织的邀请，瞒着家人，只身一人绕道伦敦，几经周折，于 1958 年从莫斯科回到了祖国。这一年，她 37 岁。

从此，在漫长的岁月中，无论是晴空万里，还是风雨交加，她都无怨无悔；无数次的亲情召唤，都不能改变她报效祖国的决心……

李桓英说：“很多人问过我，当初已经离开祖国那么多年，为何选择回国？我都毫不犹豫地告诉他们：因为我是中国人，我在北京出生，不能忘本。”

1978 年年底，李桓英调入北京热带医学研究所。时任所长钟惠澜院士让李桓英以访问学者的身份，由世卫组织资助出国考察，其中包括访问美国等 6 个国家的麻风病中心。

1980年，李桓英来到美国，为父母扫墓，并与弟弟妹妹团聚。这一次，她又坚定地拒绝了亲人们的挽留。在详细考察了美国的医疗成果后，李桓英如约返回祖国。

“只要是我认准的事，就决不回头。”李桓英说，“我是中国人，我的根在中国，我的事业在中国。离开了祖国，我的人生还有何价值？”

李桓英认为，自己一生最正确的选择就是能够回到祖国、报效祖国。她说：“我在国外跑了那么多国家，漂来漂去，就像浮萍似的，没有根。你要做事业，还是要回到自己的国家。”这，就是她的赤诚爱国之心。

## “当医生不能怕！这就好像战士都知道子弹厉害，上了战场不照样往前冲？”

麻风病是人类最古老的传染病之一。20世纪初，全世界没有特效药，唯一的办法就是隔离病人。

1980年，李桓英被派往美国、英国等6个国家做访问学者。她了解到，世卫组织正在研究一种联合化疗的新方法，药物配方已经完成，但是缺乏临床试验数据。为此，李桓英从世卫组织申请到了免费药物和项目支持。

在云贵川的项目试点村，为了拉近与麻风病人的感情，李桓英从不穿戴任何防护服与麻风病人接触，以消除病人的恐惧心理。此后，李桓英每到一个村寨，都会受到村民的欢迎：“北京来的女医生，不怕麻风！”

为了推广短程联合化疗方案，她走家串户，不辞劳苦。渴了，舀起病人家的水，仰头就喝。病人试探着同她握手，她便拉着病人的手长时间不放。见到老病人，她总是亲切地拍拍肩膀，甚至主动拥抱。

“当医生不能怕！这就好像战士都知道子弹厉害，上了战场不照样往前冲？”李桓英说。

多年来，李桓英一直奔波在贫困边远地区。云贵川3省7个地州59个县，每一个有麻风病人的地方都有她的足迹。

云南省西双版纳傣族自治州勐腊县南醒村曾是一个“麻风寨”。1990年4月17日，南醒村“麻风寨”的帽子被彻底甩掉了。南醒村更名为曼喃醒，傣语意为“新生”。

经过不懈努力，李桓英将麻风病人的服药时间缩短至两年，使麻风病人从原来的11万人下降到不足万人，且年复发率仅为0.03%，大大低于世卫组织规定的年复发率小于1%的标准。

1994年，李桓英选用的世界卫生组织短程联合化疗方案在全球推广。1996年，她率先在国内开展消除麻风运动，首次提出了麻风病垂直防治与基层防治网相结合的模式，被称为全球最佳的治疗行动。2016年，李桓英获得首届中国麻风病防治终身成就奖。

## “治愈患者给医者带来的心灵慰藉，是任何酬劳都不能取代的”

20世纪70年代，李桓英来到苏北农村，第一次见到麻风病人。当时的医务人员头戴防护巾，身穿隔离衣，手戴胶皮手套，场景令人恐惧……然而，看到病人被疾病折磨的样子，李桓英产生了深深的同情。她暗下决心：一定要让麻风病人过上有尊严的生活！

“我们不能怕病人，而要爱病人。”在日常诊疗中，她总是用微笑告诉人们：麻风病人不可怕。每当遇到穷困家庭的患者，李桓英总是给予更多的关怀和照顾，捐钱捐物，从不吝惜。

2007年3月，一名来自河南的麻风病患者前来就诊。经了解，这家人中竟有 5 名新发麻风病患者，平时以捡拾垃圾为生。李桓英看到患者的脚部感染，又着急又心疼。她当即拿出随身携带的 1000 元钱，作为患者的生活补助。

2009 年 5 月，一名年仅 24 岁的男性患者前来就诊，当时他足部已感染，发生了隐匿骨髓炎，需要手术。李桓英说："患者这么年轻，一定要为他的将来着想。"随后，她联系了医院骨科主任会诊。由于患者有绿脓杆菌，李桓英又亲自帮忙联系，找到了能做手术的机构和医生。很快，患者接受了扩创及死骨摘除术，大大提高了生活质量。

1993 年，云南省文山县有一名高三女学生，临近高考被诊断为麻风病。此时，李桓英正好来到文山，立即仔细为她检查，并耐心地开导："现在得了麻风，就像得了一块皮肤癣，只要联合化疗一周，就失去传染性了，你可以边学习边治疗，最多两年就能治好！"后来，这名女学生考上了大学，并成为一名教师。

李桓英说："治愈患者给医者带来的心灵慰藉，是任何酬劳都不能取代的。能治好患者的病，是我这一生最大的幸福。"

## "能够作为党员为医学事业奋斗余生，这就是我最重要的心愿"

2016 年 12 月 27 日，是李桓英一生中最难忘的日子。

这一天，已经 95 岁高龄的李桓英特意围了一条大红色的羊绒围巾。她仔细捋顺两鬓的头发，庄严肃立。站在一群新党员中间，她举起右拳，苍老的声音饱含真诚和笃定："我志愿加入中国共产党……"从此，她终于梦想成真，光荣地成为一名党员。

信仰的力量是无穷的。李桓英说："入党和做研究一样，都是追求真理。能够作为党员为医学事业奋斗余生，这就是我最重要的心愿。"

几十年来，李桓英解决了许多麻风病防治领域的重大策略和关键技术问题，为全球实现消灭麻风病的目标提供了重要依据。近年来，她带领课题组进入分子生物学研究领域，开展麻风病早期诊断、耐药基因检测和分子流行病学的研究，取得了不少创造性突破。

“麻风病的历史，在我们这一代该终结了！”如今，李桓英依然关注着全球麻风病防治进展。她说：“虽然中国已基本消灭了麻风病，但还没有彻底消灭，还有很多工作要做。”她殷殷嘱咐前来探望的后辈，科研工作者不能停下创新的脚步，这是党和人民的重托。

疾病无国界，大爱无疆界。为了实现一个没有麻风病的世界，一位百岁老人依然在奋力前行……

《人民日报》2021 年 8 月 20 日

# 李桓英：毕生求索只为世上再无麻风

侠　克

麻风病是由麻风杆菌引起的一种慢性传染病。有的患者脸部、肢体畸形，加之社会对麻风病的恐惧和歧视，患者忍受着肉体和精神上的双重折磨。1970 年，李桓英随单位下放到江苏泰州的一个“麻风村”，第一次见到了麻风病患者，她就暗下决心，立志要攻克令人闻风丧胆的麻风病。

李桓英 1921 年 8 月出生于北京。她先后毕业于上海同济大学医学院和美国约翰斯·霍普金斯大学，而后成为世卫组织首批官员。1957 年，7 年期满时，世卫组织主动提出续约 5 年的邀请。可当时，事业的发展和优渥的生活挡不住李桓英一颗爱国之心，钱学森等一批科学家毅然回国报效祖国的消息更激励了她。她谢绝世卫组织挽留，瞒着已经移民美国的家人，只身一人绕道欧洲，几经周折，于 1958 年从莫斯科回到祖国。

每当被问到为什么选择回国，李桓英总是坚定地说道：“因为我是中国人，祖国是我的根，我决不能忘本。新中国成立初期，百废待举，正是急需人才之际。我要把学会的知识为祖国和人民服务。”

选择麻风病防治，李桓英以科学的精神全身心地投入，这种执着成为她鲜明的职业精神。1978 年改革开放后，李桓英被调到北京友谊医院，在北京热带医学研究所任研究员，从此将全部精力贡献给麻风病的防治和研究工作。

在那个谈“麻”色变的时期，迷信和恐惧是麻风病的大敌，就连许多从医的人也对麻风病人绕道而行。而李桓英却始终都是面对面接触，从不畏惧。每来到一个患病的村寨，都会引来村民们的一片惊奇：村里来了个女医生，不怕麻风。她口渴了舀起病人家的水就喝，饭捧起就吃。病人试探着同她握手，她就拉着他们的手长时间不放。

“麻风病传染性有限，可防、可治，不可怕。只有深入病人身边、进行非隔离治疗现场研究，才能解病人之疾苦、消社会之歧视。”李桓英说，“每当我想起麻风病人在承受疾病与歧视的双重折磨而过着痛苦凄凉的生活，我就非常难过，这也更加坚定了我要跟麻风病作战的决心。”

虽然氨苯砜在 20 世纪 40 年代就已问世，但麻风病的防治在世界上还没有更成熟更有效的方案。为了寻求更好的治疗方法，李桓英敢于创新，她将国外先进的治疗方法与中国实际相结合，率先开展了服药 24 个月的短程联合化疗，并在云贵川麻风病高发区的 7 个地州 59 个县推广实施，使我国的麻风病人从原来的 11 万人下降到不足万人，而且年复发率仅为 0.03%，远低于世卫组织规定的年复发率小于 1% 的标准。

传染病无国界，但医生有国籍。李桓英教授作为中国的医学科学家，心怀大我，把人民的健康看得比自己的生命还重，同时更是将中国防治麻风病的方案贡献给世界，为创造一个没有麻风病的世界作出了重要贡献。1994 年，短程联合化疗治疗方案被世界卫生组织在全球推广，为数以万计的麻风病患者解除了疾苦。1996 年，李桓英又率先在国内开展消除麻风运动，首次提出了麻风病垂直防治与基层防治网相结合的模式，被称为全球最佳的治疗行动，极大促进了麻风病的早发现、早治疗。

几十年来，李桓英不断优化治疗方案，缩短疗程，消除歧视。她解决了该领域的重大策略和技术上的关键问题，为我国政府制定控制和消灭麻风病的整体规划，为全球实现消灭麻风病目标的可行性提供了重要依据，作出了重大贡献。

2001 年，李桓英主持的“全国控制和基本消灭麻风病的策略、防治技术和措施研究”获得国家科学技术进步奖一等奖；2016 年 9 月，第十九届国际麻风大会在北京召开，李桓英荣获首届中国麻风病防治终身成就奖。当月，95 岁高龄的李桓英怀着对党的无限忠诚向党组织递交了入党申请书。“回国工作了快 60 年，从回国开始就从未后悔，但我深知如果不入党我一定会后悔。”李桓英说，“以前我总觉得自己还不行，还不合格，现在我觉得自己应该合格了。”

李桓英一生孑然一身，把毕生的精力都献给了麻防事业，在国内外麻风病防治领域取得了常人难以超越的成绩，赢得了国内外学术界的高度评价。如今，已过期颐之年，她仍然心系麻防事业。李桓英说：“对于彻底战胜麻风病，我做得还远远不够。我愿意在岗位上为党和人民继续工作，为实现没有麻风的世界而奋斗。”

新华社北京 2021 年 8 月 19 日电

# 为防治麻风病无私奉献的时代楷模

中共北京市委

她出身书香门第、条件优越，却选择被许多人视为畏途的传染病防治作为自己的事业；她曾与家人在海外生活，有体面的工作、丰厚的薪水，却毅然回国艰苦奋斗；她一生未婚，无儿无女，却被许多重获新生的患者视为“妈妈”……她，就是世界著名麻风病防治专家、首都医科大学附属北京友谊医院医生、北京热带医学研究所研究员李桓英。

李桓英是党领导卫生健康事业发展的见证者、亲历者和参与者，新时代医务工作者的优秀代表，践行科学家精神的杰出典范，爱国归侨的学习榜样。在80多年的医学生涯中，李桓英始终心系人民健康福祉，勇于探索创新，为破解麻风病防治的世界难题贡献了中国智慧，为推动共建人类卫生健康共同体作出巨大贡献。2021年8月20日，中共中央宣传部授予李桓英“时代楷模”称号。

## 秉持大义：心有大我、赤诚报国的爱国情怀

爱国，是人世间最深层、最持久的情感，是一个人立德之源、立

功之本。习近平总书记指出："爱国，不能停留在口号上，而是要把自己的理想同祖国的前途、把自己的人生同民族的命运紧密联系在一起，扎根人民，奉献国家。"赤诚的爱国情怀，植根在李桓英的心中从未改变，源自她的家风传统、内心情感和责任担当。

优良家风的传承延续。"桓"字有华表的意思。李桓英的名字，寄寓了长辈期待她像华表一样杰出的愿望。李桓英的家族不仅有深厚的文化素养，更有爱国的优良家风。李桓英的祖父李庆芳是清政府公派的留日学生，后回国效力，是民国时期知名人物。抗战期间，李庆芳坚持民族大义，为解救30多名八路军战士，被日军关押40余天，不久愤恨逝世。中共中央北方局机关报《新华日报》曾专门刊载李庆芳的事迹，盛赞其"劲节可风"。李桓英的父亲李法端是中国第一批留德学生，学习电机专业，归国后先后在杭州电机厂和政府多个部门任职，致力实业报国。祖父和父亲的言传身教，使李桓英从小就受到熏陶。在李桓英看来，"爱国"是一件很自然的事，没有什么值得标榜的："因为我是中国人，中国是我的根，我学习的知识，要为中国人服务，不能忘本。"她本人学成归国，也成就了家族"一家三代，留学报国"的佳话。

心系祖国的内在召唤。科学无国界，但科学家有祖国。青年时代的李桓英虽在多个国家学习工作，却从来不曾忘记祖国。"在缅甸时，我与祖国仅隔着一条河。"李桓英说，"每当夕阳西下，我都会情不自禁地眺望北方，想念北京。"新中国的成立让海外学子看到了民族复兴的希望，很多人不远万里回国参加建设。李桓英内心也有很深的触动，她说："那时回国正当其时，就是要把自己最好的年华奉献给祖国。"新中国成立初期，国家一穷二白，基础非常薄弱。但这丝毫没有影响李桓英的选择，长期的国外阅历使李桓英深深认识到，传染病往往与贫困落后紧密相连。她更加迫切地要回国，要用自己的医术为当时尚未脱离贫困的国家和同胞贡献力量。

无怨无悔的责任担当。世卫组织刚刚成立时，李桓英被推荐成为首批官员。1957 年工作期满后，她婉拒了世卫组织年薪 9000 美元（当时美国人均年收入 3110 美元）的续约邀请，准备回国。“当时美国与中国还没有建交，遥远的祖国并不知道我要回来，也没办法给我提供帮助。”李桓英想尽办法，手持一本联合国护照辗转多地，终于在 1958 年回到祖国。国务院外国专家局根据她的专长，安排她到中央皮肤性病研究所工作，国家的信任使李桓英进一步感到肩负的责任。回国 60 多年来，她服从安排，先后参加了一系列科研工作。20 世纪 60 年代前后，她参加的梅毒螺旋体制动试验取得成功，开展的麻风菌脂质抗原提取、荧光抗体试验处于国际先进水平。70 年代，她成功研制出灰黄丸，为江苏省泰州市苏陈公社 160 多名头癣病患儿解除了痛苦，这项成果还获得 1972 年全国科技进步奖。1978 年，57 岁的李桓英全身心投入到令人望而生畏的麻风病防治事业中。当时，她的家人已移居美国，赴美探亲时，家人都希望她留下，但她放不下正在开展的医学研究工作，再一次放弃了与家人一起生活的机会——早在 1964 年，父母就曾这样劝过她。可李桓英说：“国内的生活确实很苦，但苦的不是我一个人，很多人缺吃少穿、体弱多病。这时弃之而去，还不如当初不回国！作为医生，能为祖国、为人民服务，我感到自豪。”对祖国的真挚情感和非凡的工作业绩，使李桓英成为爱国归侨的学习榜样。

## 胸怀大爱：生命至上、护佑苍生的医者仁心

健康是广大人民群众的共同向往和追求，是人民幸福生活的基础。在长期的麻风病防治工作中，李桓英视患者如亲人，不仅精心医治，为数以万计的患者解除了病痛，还身体力行，为破除社会对麻风病患

者的歧视树立了典范。

济世慈心因于同情敬畏。自古以来，麻风病就是人人避犹不及的恶疾。这种疾病使人皮肤溃烂，鼻塌目陷，四肢畸残，与人类相伴了至少 3000 年，与梅毒、结核并称世界三大慢性传染病。患者在忍受肉体痛苦的同时，往往还要承受被社会歧视的精神折磨。新中国成立初期，中国麻风病患者有 38—39 万人，涉病地区分布广泛。20 世纪 70 年代初，李桓英第一次见到麻风病患者的惨状，做过多年传染病研究和治疗工作的她也不免动容了。她把对患者的深深同情转化为沉甸甸的责任，决心以自己的努力，帮助他们解除痛苦。1978 年，年近花甲的李桓英确立以麻风病防治作为自己的终身事业。她的目标，就是“创造一个没有麻风的世界”。在她看来，自己新的人生才刚刚开始：青少年时期辗转多地学习生活、艰苦的国内外医学教育科研、世卫组织工作期间在多国的传染病治疗实践、回国后的工作生活历练……之前所经历的一切似乎都在为此做准备。因此，李桓英总是说：“不是我选择了麻风病，而是麻风病选择了我。”

无微不至彰显人文关怀。以前，医务人员在面对麻风病患者时，往往穿得像个防化兵：白大褂、白手套、帽子、口罩、鞋套全副武装，整个人只能看见两只眼睛。放药的桌子隔着患者 1 米远，医务人员用棍子把药推到患者面前……面对社会的歧视和麻风病难以治愈的现实，不少患者心灰意冷，不愿配合治疗。李桓英说，医生要消除患者的自卑，让他们心情轻松起来，才能配合治疗。在科学研究的基础上，李桓英认为，麻风病传染性有限，一般接触不易感染。她身体力行改变人们对麻风病的态度，与患者握手拥抱，和患者一起吃饭、喝水，一年至少有 2/3 的时间在麻风村寨度过。“麻风村”的村民都很惊讶：“北京来的女摩雅（医生），天哪，不怕麻风病！”有人问她为什么不怕，李桓英说：“医生不能怕！这就好像战士都知道子弹厉害，上了战场不照样往前冲？！”“我甚至巴不得自己被传染上，让患者亲眼看到，我能治好它！”在治疗早期，患者的脸部会出现发红发紫的状况，有的患者感到恐慌便拒绝服药，甚至把药扔进水塘里。李桓英挨家挨户做工作，告诉他们这只是服药后的正常反应，开导患者坚持服药。3 个月后，患者状况明显好转，身体逐渐恢复。他们深情地说：“麻风病把我们从人变成了‘鬼’，是李教授把我们从‘鬼’变回了人。”

攻坚克难不畏以身涉险。新中国成立初期，我国统筹开展麻风病防治，在涉病地区形成了一些麻风村寨。李桓英长期奔波在这些地区，云南、贵州、四川的大多数麻风村寨都留下了她的足迹。在深入麻风病区的途中，由于道路崎岖、山高水险，李桓英多次遇险，2 次翻车、2 次翻船。1989 年去往四川西昌途中，李桓英乘坐的汽车在翻越雪山时不幸掉进十几米深的山沟，等她苏醒时，皑皑白雪上留下了一大片殷红的鲜血。那一次，她的两侧锁骨和 3 根肋骨都骨折了，头部外伤

2019 年，李桓英获得“最美奋斗者”荣誉称号

缝了7针，大家都劝她好好休养，但她打着石膏、缠着绷带，强忍疼痛，又投入到工作中。看到大家为她担心，她打趣说，“按照我坐车的概率，也该翻车了”，“我胖得像个皮球，掉到水里也沉不下去”。艰苦与危险没有阻断李桓英继续前进的脚步，她坚定地说：“要想搞事业，就别怕付出。若要计较，就什么也干不成。”

医者仁心换来了显著医疗效果，经她治愈的患者达到1万多人。在李桓英和广大麻风病防治工作者的共同努力下，短短几年，肆虐数千载的麻风病成为可控、可治的普通疾病，全国麻风病患者从11万人降至不足万人，年复发率仅为0.03%，远低于世卫组织1%的标准。李桓英先后获得国家科技进步奖一等奖、全国五一劳动奖章、全国医德楷模、首届中国麻风病防治终身成就奖和“最美奋斗者”称号等，成为我国医学专家和科技大家的优秀代表。

## 融汇大智：求真务实、勇于攀登的科学精神

科学技术是人类同疾病斗争的锐利武器，人类战胜大灾大疫离不开科学发展和技术创新。李桓英在直面问题、迎难而上中始终坚持科学精神、遵循科学规律，严谨治学，开拓创新，在推进中国和世界麻风病防治事业中取得重大成就。

严谨细致，秉持科学态度。从18岁考上同济大学医学院开始，李桓英就在学习和工作中培养了科学严谨的作风。在被世卫组织派往印度尼西亚和缅甸开展传染病防治的7年中，她与当地专家一起工作，锻炼出因地制宜开展医学科研的能力。1958年回国工作后，她在多项科研工作中进一步提升了能力和水平。投身麻风病防治工作以来，李桓英始终秉持科学态度，坚持深入基层开展调研。在她的办公室里，挂着一张云南、贵州、四川交通图，上面插了20多面三角旗，都是她行

医所到之处。其中 7 个麻风病发病率较高的地区，被李桓英选定作为短程治疗试点的推广地区。在云南省勐腊县试点，为了实验的规范性以及便于日后复查追踪，李桓英严格要求实验人员进行细致的检测和记录。一套包括 47 例患者的病案，连续 27 个月翔实记录了患者每天每次的用药等情况。如此用心用情、认真细致的记录，深深地震撼和感动了后期来到这里的工作人员。

结合实际，创新防治方法。在总体思路上，李桓英注重从实验室走向现场。以往的麻风病防治多注重实验室研究，李桓英打破陈规，主张把实验室搬进“麻风村”，在现场面对面地为患者检查治疗。在治疗方案上，李桓英选用了服药 24 个月就停药的短程联合化疗，治疗效果显著。在防治模式上，1996 年，李桓英在国内开展消除麻风行动，首次提出了麻风垂直防治与基层防治网相结合的模式，为我国乃至世界麻风病防治工作作出了突出贡献。2000 年，中国卫生部向全世界宣布：中国的麻风病存量病人已经下降到 2000 人左右，患病率在十万分之一以下，基本消灭了麻风病。

造福全球，贡献中国智慧。作为最早也是最年轻的曾在世卫组织任职的中国女性，李桓英积极与世卫组织保持联系，运用国际资源推动中国麻风病防治工作，又用中国成功经验促进世界麻风病防治事业发展。改革开放初期，她在世卫组织资助下，以访问学者身份考察了 6 个国家的 9 个麻风病治疗中心，开阔了麻风病防治的国际视野。当世卫组织将中国作为“实验新疗法”地区后，李桓英根据中国的特点迅速拿出了联合化疗的短程试验方案。在她的争取下，世卫组织向中国提供了药物和医疗物资，对中国麻风病防治工作给予积极支持。她的短程联合化疗方法被世卫组织在多国推广，造福了全世界的麻风病患者。

出于对我国麻风病防治工作的肯定，1998 年，第十五届国际麻风大会将会址选在了北京。这次会议具有纪念现代麻风病防治 100 周年的特别意义。大会期间，李桓英被推选担任轮值执行主席。会上，她领导开展的短程联合化疗和消灭麻风病特别行动计划，被誉为全球最佳，世卫组织官员诺丁博士紧紧握着李桓英的手说："全世界麻风病防治现场工作，你是做得最好的！"

李桓英是在麻风病领域致力于建设人类卫生健康共同体的探索者和推动者。多年来，她被任命为世卫组织麻风病专家委员会成员，多次担任国际麻风会议主席和副主席。李桓英的成功医学实践，不仅有力推进了中国麻风病防治事业，也为世界范围的麻风病防治作出了突出贡献。

## 躬行大道：坚守初心、践行使命的党性修养

"我志愿加入中国共产党……" 2016 年 12 月 27 日，一场不同寻常的入党宣誓仪式在北京友谊医院举行。历经思想磨砺和实践考验，95 岁的李桓英，在鲜红的党旗下宣誓入党。

不断磨砺思想，追求真理。在李桓英看来，加入党组织，首先是因为立场相同。医学研究不信天、不信命，只信事在人为，这同中国共产党坚持的辩证唯物主义、历史唯物主义世界观和方法论是一致的。同时，中国共产党的根本宗旨是为人民服务，李桓英的志向也是一生只为人民的需要而工作。她常常说："没有人民群众就没有我，能够为人民群众治疗疾病，取得一点成绩，是此生最大的幸福。"这种对人民群众的诚挚情感，源自她在深入麻风村寨治疗时同患者及家属结下的情谊。入党时，李桓英说："入党也和科研一样，都是为了追求真理。我为国家服务了快 60 年，现在觉得自己可能合格了。"在她心里，"合格"的标准很高，为此，她一直在努力奋斗。

始终保持初心，淡泊名利。海外归国的老一辈科学家往往有一个共同特征：他们在科研工作中，都有着复杂深刻的头脑；在生活选择时，又有着简单纯粹的心灵。对待个人名利，他们从来没有要求，总是首先考虑国家和人民的利益。李桓英也是其中的一个典型代表。刚回国时，国内的实验设备比不上国外先进，她一边“因陋就简”“土法上马”，用简单的设备完成艰巨的任务，不因条件艰苦停止奋斗；一边积极向世卫组织申请医疗物资和技术支持，为在国内开展研究工作创造条件。为了事业发展，她想方设法、雷厉风行；但面对个人待遇，她却不太上心、拖拖拉拉。单位让她报一张“正教授”的申请表，她拖了整整 20 年才填好上交……因为投身传染病防治事业，李桓英一辈子没有成家。有人问她后不后悔，她说，人生有很多种幸福，她与麻风结缘，能够毕生从事自己喜爱的医学研究，已经很幸福、很幸运了。

坚持脚踏实地，心怀感恩。李桓英始终把自己取得的成绩与党和国家的关心支持联系在一起。每当获得荣誉，李桓英总是归因于自己赶上了好的国家、好的时代。她动情地说：“我今年整整 100 岁了，亲眼见证了中国 100 年的变迁——这么大的一个国家，需要一个党来凝聚人心。只有把人心都团结在一起，国家才能干大事，个人也才能出成就。”“流行病防治是一个高效医疗、有力政府和健康社会共同协力的事业，因为我在中国，我的事业才能这么成功。我只是做了自己应做的事情。”这些深情话语，体现了一位共产党员崇高的思想境界。

李桓英说：“我国虽然基本上消灭了麻风病，但我们还有很多工作要做。”为了弄清麻风病的传染源和传播途径，李桓英带着研究人员又开始进入分子生物学领域研究麻风菌，努力通过基因分型研究麻风菌传染源和传播链，为“创造一个没有麻风的世界”继续奋斗。

李桓英学成归国时，新中国百废待兴；李桓英期颐之年时，中国已经全面建成小康社会，正阔步走向伟大复兴。与中国共产党同龄的李桓英，以她的百年经历，亲身见证了中华民族一个世纪的沧桑变化。让我们以李桓英同志为榜样，在新时代新征程上真抓实干、埋头苦干，为党和人民争取更大光荣。

《求是》2021 年第 22 期

# 37 岁回国，95 岁入党，与麻风病奋战一辈子

## ——她，改变了 10 万人的命运

崔兴毅　彭　丽

英雄是民族最闪亮的坐标。

“要把最好的年华献给祖国”，37 岁那年，她毅然决然投入祖国的怀抱；

“我的目标就是彻底战胜麻风病”，她用脚步丈量着云南防治麻风病战线的长度，不断破解麻风病防治的关键难题；

“我要争取奉献到 100 岁”，95 岁时，她被批准加入中国共产党，成为一名预备党员。如今百岁的她，仍奋战在麻风病防治的第一线。

她就是世界著名麻风病防治专家，首都医科大学附属北京友谊医院、北京热带医学研究所研究员李桓英。

从国人眼中的“战‘麻’斗士”到麻风病患者口中的“李妈妈”，李桓英医者仁心的精神坐标愈发闪亮。

### “如果我能活到 100 岁，还有 5% 的人生可以跟党走”

“这一年来，我丝毫没有松懈，而是以一个党员的标准严格要求自己……我诚恳地向组织提出转正申请，请党组织审查。”

李桓英入党宣誓

2017 年 12 月 26 日下午，96 岁高龄的李桓英教授戴上大红色的围巾。在党支部党员大会上如期转正，正式成为一名中国共产党党员。

“我回国不后悔，干麻风病防治工作不后悔……我想把有限的日子，投入到无限的工作中去。”老人一字一句地认真向党组织汇报着预备期的心声。声音中饱含岁月打磨过的笃定，颈间的红围巾和党旗相互映衬，鲜艳无比。

预备期这一年里，李桓英仍奋斗在一线。2017 年年初，她悄悄打包，准备再次出发前往云南。她心里牵挂着那些治愈的麻风病人，更惦记着尚未破解的麻风病发病机制。“我身体没问题，就是去看看病人的病情有没有复发，他们的亲属有没有潜在感染。”

一如她 2016 年对着党旗承诺：“如果我能活到 100 岁，还有 5% 的人生可以跟党走，为医学事业继续奋斗。等到举行葬礼的那一天，希望我的身上能盖上中国共产党的党旗！”

1921 年出生于北京的李桓英，曾于 1946 年留学美国约翰斯 · 霍普金斯大学，毕业后成为世界卫生组织成立后的第一批官员，她在世界卫生组织任职 7 年，被派往亚洲、美洲的多个国家，为防治性病等疾病在贫穷落后地区的蔓延作出了努力。

1957 年，在李桓英为世界卫生组织工作 7 年期满时，世界卫生组织主动提出与她续签合同，期约 5 年，她婉言谢绝，瞒着家人，只身一人绕道伦敦，几经周折，于 1958 年从莫斯科回到了祖国。

时年 37 岁的她，回到阔别多年的北京，被分配到中国医学科学院皮肤性病研究所工作，开展梅毒螺旋体制动试验、麻风抗原检测等工作。

当时实验室设备简陋，李桓英用土法自力更生制作的麻风菌脂质抗原（PGL）提取成功。她和同事先在自己身上做试验，至今，李桓英左右手臂上还留有清晰可见的疤痕。

1970 年，李桓英来到江苏省的一个“麻风村”考察，在这里，她第一次见到麻风病人。麻风病是由麻风杆菌引起的一种慢性传染病，主要侵犯皮肤和周围神经，历来是备受歧视的、致残的“不治之症”。

当时由于没有治疗麻风病的有效药物，最人道的处理是把他们赶到一个偏僻的地方，让其自生自灭。这一幕刺痛了李桓英：“我当初回国就是为了帮助祖国的同胞！”

李桓英决定，攻克麻风病。

1978 年，李桓英调到北京友谊医院、北京热带医学研究所任研究员。从此，57 岁的她将全部精力奉献给麻风病的防治和研究工作。她将国外先进的治疗方法与中国实际相结合，率先开展了服药 24 个月就停药的短程联合化疗，解决了麻风病的治疗难题，为数以万计的麻风病人解除了疾苦。

1996年，李桓英又率先在国内开展消除麻风运动，首次提出了麻风病垂直防治与基层防治网相结合的模式，被称为全球最佳的治疗行动。

“很多人问过我，当初已经离开祖国那么多年，为何选择回国？我都毫不犹豫地告诉他们，因为我是中国人，不能忘本。”

李桓英说：“回国，我就一个目的，把我学到的东西用到生我养我的地方，不愧是个中国人。”

## “全世界麻风病防治现场工作，你是做得最好的”

1979年春天，李桓英第一次前往云南西双版纳考察麻风病情，那时的西双版纳3个县，分布着大大小小十几个“麻风寨”。过去，由于缺乏特效药物，以及社会对麻风病的恐惧、歧视和偏见，麻风病人忍受着肉体上和精神上的双重折磨。

“麻风病面临的最大障碍就是歧视！”为了拉近与麻风患者的感情，李桓英没有穿戴任何防护衣服和面具，走家串户给病人做检查，甚至与病人见面时总是握手拥抱拍肩膀。

由于长期的疾病折磨和远离人群，寨子里的人们对治疗既缺乏信心，又难以适应按时按量服药的治疗要求，有的病人甚至自暴自弃，把送来的药丢进水塘里。

李桓英听闻，十分着急，亲自上门送药，口渴了舀起病人家的水仰头就喝，饭捧起就吃。时间一长，寨子里的村民都传：“村寨来了个女医生，不怕麻风！”

“我们做医生的是没有恐惧的，我走遍世界，恐惧对我不是个事儿。我甚至巴不得自己被传染上——让你们亲眼看看我能治好它！”

李桓英还会教麻风病人穿鞋。“早晨和晚上，你们要这样。”手一下子伸进病人刚脱下来的脏鞋，“摸摸有没有沙子和钉子，再穿上”。麻风病人手脚是麻木的，甚至端滚烫的火盆都感觉不出烫手。李桓英不怕脏，就是为了教给他们防止皮肤破损溃烂的自我防护方法。

她用自己的行动来消除大家对麻风病的歧视，不断向人们证明：麻风病是可治之症，麻风病人并不可怕。

为了我国麻风病防治事业，高龄的李桓英长期奔波在云贵川贫困边远地区 7 个地州 59 个县，几乎每一个村寨都留下了她的足迹。

在她的努力下，云南省勐腊县的麻风病患者被全部治愈，1990 年的泼水节，他们摘掉了“麻风寨”的帽子，作为一个行政村，被正式划入勐仑镇，李桓英为它取名为“曼喃醒”，意思为“新生的山寨”。这一天，李桓英和人们一块跳起了傣族舞蹈。

1998 年，李桓英在第十五届国际麻风大会上作了《在云南实施麻风病防治特别行动计划的报告》，报告结束后会场响起了经久不息的掌声。世界卫生组织官员诺丁博士紧紧握着李桓英的手说：“全世界麻风病防治现场工作，你是做得最好的！”

## “治愈患者带来的慰藉是任何酬劳都不能取代的”

“治愈患者带来的慰藉是任何酬劳都不能取代的”。李桓英对患者的关心不仅体现在治好他们的病痛，更如同亲人一般，时刻给予他们温暖，为他们寻求最佳的治疗方案。

1993 年年底，云南省文山县有一位女生在高考前不到半年，被诊断患了麻风病，李桓英得知情况后非常着急，赶去为她仔细检查：“现在得了麻风，就像得了一块皮肤癣，只要联合化疗一周麻风病就失去传染性，你可以边学习，边治疗，最多两年就能治好，放心吧。”

李桓英还鼓励她一定要好好学习，考上大学，不能自暴自弃。因联合化疗中有一种药物会造成皮肤色素沉着，李桓英又与当地医生一起，为这位女学生设计专门的治疗方案，并请当地的医生一定要保证她的治疗，不要影响学习。过后，李桓英仍然惦念着这位女学生，曾多次打电话、写信询问她的情况。后来，这位女学生真的考上了大学，并在毕业后成为一名教师。

麻风病是一个“穷”病，大多数麻风病患者的家境不是很好，李桓英像照料自己的孩子一样给予他们关怀和体贴。

2007年3月，热研所麻风室接诊了一位24岁的麻风患者小马，小马生长在一个麻风病高发家庭，家里有5人患麻风病。李桓英无条件接收了这一家5位患者来京免费治疗。经过两年的治疗，他们的麻风病已基本治愈。一次复诊中，李桓英看到小马的脚已溃破感染，并得知他一家租住在平房，生活十分拮据。“患者这么年轻，一定要为他的将来着想。”她既着急又心疼，立即拿出随身携带的1000元钱给了他们。

有条件干，没有条件也要创造条件干。行医70余年，这就是李桓英的行事风格。

在深入麻风病区的途中，由于山高路险，道路崎岖，她曾经4次遇险，2次翻车、2次翻船。

她遭遇过最严重的翻车是从翻滚的汽车前窗挡风玻璃甩出去10多米，在覆盖着厚厚白雪的山坡上昏了过去。连车带人滚下坡底的同志们从车中爬出来，大声呼喊她。她才反应过来连声呼喊：“我在这里！”但是她爬不起来，李桓英歪头一看，雪地上留下一大片殷红鲜血。这次车祸导致她两侧锁骨和3根肋骨骨折，头部外伤缝了7针。大家都劝她好好休养，她却缠着厚厚的绷带、打着石膏投入新的工作。

2015年，已是94岁高龄的李桓英，不顾膝关节手术后的行走不便，再次来到云南。一进寨子，那些当年经她治愈的麻风病康复者就像见到了亲人，眼含激动的泪水，扑上来就喊：“李妈妈，您回来了！”他们的子孙听到李桓英回来的消息，也纷纷请假，从打工的城市赶回寨子，只为见上李桓英一面。在他们心中，李桓英就是改变他们命运的贵人。

《光明日报》2021 年 8 月 20 日

# 李桓英：耄耋之年仍奋斗在麻风病防治一线

金振娅

李桓英，一位98岁的老人，在麻风病防治的道路上，还在继续前行。

1958年，李桓英拒绝世卫组织续签5年的合同，瞒着定居美国的父母，毅然回到国内。“我是中国人，我在北京出生，我不能忘本，我要把最好的年华奉献给祖国。”

1978年，李桓英调到北京友谊医院、北京热带医学研究所任研究员。从此，57岁的她将全部精力奉献给麻风病的防治和研究工作。用一个“拼”字来形容她，恰如其分。

麻风病是人类古老的疾病，曾经是深受歧视的“不治之症”，不但给患者带来极大痛苦，还给社会带来莫大恐惧。但是，李桓英不怕。她不信邪，要和这种错误观念斗争——病人家的水她仰头就喝，饭捧起就吃；为病人诊治，从不把自己严实地包裹起来。

1980年，能说一口流利英语的李桓英，被派到世卫组织做访问学者。她了解到，世卫组织正在研究一种联合化疗的新方法：由一种药物的治疗改为多种药物联合化疗。药物的配方已经完成，但是缺乏临床试验。为了争取到世卫组织免费的药物支持和试验项目，李桓英开始在全国进行走访调查。

1998 年 9 月，李桓英在第十五届国际麻风大会上

当时，世界治疗麻风病基本都采用终身服药的办法，医学界普遍认为，一旦停药就会复发。为了缩短疗程，使有限的药物能够治疗更多的患者，1983 年，李桓英带着联合化疗药物在云南省的一个村子开展试点，将麻风病的服药时间缩短至两年，这种短程联合疗法为麻风病治疗开辟了新天地。之后，李桓英把此方案推广到云贵川高发区的 7 个地州 59 个县，经过 10 年监测，复发率仅为 0.03%，远低于世卫组织规定的 1% 的标准。后来，原卫生部将其在全国进行了推广，全国麻风病人数量迅速下降，由 1987 年的 7 万名患者和每年发现 4000 余名患者，分别降至 1999 年的 7000 例和不足 2000 例。这一经验得到了世卫组织的高度评价，自 1994 年开始向全世界推广这一做法。

正是由于对我国麻风病防治工作的肯定，第十五届国际麻风大会于 1998 年在北京召开。在这次具有纪念现代麻风防治 100 周年特别意义的大会期间，李桓英被推选担任大会的轮值执行主席。

多年来，李桓英不断优化治疗方案，消除社会对麻风病的歧视。她解决了该领域的重大策略和技术上的关键问题，为我国政府制定控制和消灭麻风病的整体规划，为全球实现消灭麻风病目标的可行性提供了重要依据。她在麻风防治研究上的成就赢得了国内外学术界的高度评价，6 次获得省级科技进步奖，2001 年获国家科学技术进步奖一等奖 1 项，2016 年 9 月，第十九届国际麻风大会授予她中国麻风病防治终身成就奖。

2016年，95岁高龄的李桓英怀着对党的无限忠诚向党组织递交了入党申请书，她这样写道：“我虽已进入耄耋之年，但愿意以党员的身份为麻风防治事业奋斗终身！”当年12月，李桓英庄严宣誓，正式成为中国共产党的一员。

作为李桓英的入党介绍人之一，北京友谊医院党委书记说，从李桓英身上，看到了她对党的忠诚，对祖国的热爱，对科学的执着，对事业的追求！

《光明日报》2019年9月29日

# “抗麻斗士”李桓英

吴佳佳　苏天是

20世纪70年代是谈“麻”色变的年代，她不戴手套、不穿隔离服，与麻风病人亲切握手；百岁高龄，她仍在麻风病防治道路上继续前行。她就是从美国归国60余年、全身心投入麻风病防治事业的“抗麻斗士”——世界著名麻风病防治专家，首都医科大学附属北京友谊医院、北京热带医学研究所研究员李桓英。

## 只身归来，报效祖国

李桓英1921年8月17日出生于北京。学医6年的她，于1945年以优异成绩从上海同济大学医学院毕业，1946年前往美国约翰斯·霍普金斯大学攻读细菌学和公共卫生学硕士学位，毕业后留校任微生物学系助理研究员。

1950年，世界卫生组织成立，李桓英被推荐成为首批官员。任职7年间，她踏遍亚非美洲，为防治性病和雅司等疾病不懈努力。其间，看到许多国家贫病交织的情形，她对祖国的惦念变得更加强烈，深感新中国百废待兴，更需要海外学子的归来和支持。

1957 年，李桓英婉言谢绝了世卫组织续签 5 年合同的邀请，瞒着已经定居美国的家人，只身一人绕道伦敦，几经周折，于 1958 年从莫斯科回到了祖国。

时年 37 岁的她，回到阔别多年的北京，被分配到中央皮肤性病研究所（现中国医学科学院皮肤病研究所）工作，开展梅毒螺旋体制动试验、制作麻风菌脂质抗原等工作。

## 痴心不改，造福患者

1978 年改革开放后，李桓英被调到北京友谊医院，在北京热带医学研究所任研究员，从此将全部精力贡献给麻风病的防治和研究工作。

1982 年，李桓英向世卫组织递交了一份关于中国麻风病情况的详细报告，世界卫生组织批准在中国进行联合化疗方法的实验项目。李桓英开拓创新，将国外先进的治疗方法与中国实际相结合，率先开展服药 24 个月就停药的短程联合化疗，选择云南省西双版纳傣族自治州勐腊县 3 个偏远的“麻风村”开展试点。

云南省疾控中心杨军讲起那段历史：1979 年李桓英第一次来到云南，走进勐腊县的一个叫南醒“麻风寨”时，她居然不戴手套、不穿隔离服就与病人亲切握手，为他们仔细检查身体。不光如此，她还敢喝病人家里的水、吃病人家里的饭。在当时，这些举动大家连想都不敢想。杨军说，李桓英用实际行动告诉大家：麻风病可防可治不可怕。

为掌握第一手资料，虽经历 2 次翻车、2 次翻船，锁骨和肋骨都摔断过，但李桓英都从容面对，从不叫苦。在她看来，要想搞事业，就别怕付出，若要计较，就什么也干不成。

实践证明，联合化疗方案确有疗程短、副作用小、复发率低的作用，有效率达 100%。李桓英因势利导，抓住时机向世卫组织申请资金，申请国际专家技术支持、药物治疗等，把试点扩大到云贵川的7个地州59个县。

短短几年，肆虐数千年的麻风病成为可控、可治的普通疾病，全国麻风病人从11万人降至不足万人，年复发率仅0.03%，远低于世卫组织小于1%的标准。

## 奋斗不止，入党圆梦

30余年来，李桓英不断优化治疗方案，缩短疗程，消除歧视。她解决了该领域的重大策略和技术上的关键问题，为我国制订控制和消灭麻风病的整体规划、为全球实现消灭麻风病目标的可行性提供了重要依据，作出了重大贡献。她在麻风病防治研究上的成就，赢得国内外学术界的高度评价，获得国家科学技术进步奖一等奖1项、省级科技进步奖6项。

2016年12月27日，李桓英加入中国共产党的消息“刷屏”，因为这位新党员已经95岁了。为什么年逾九旬才申请入党？她说，自己以前还不够格，现在应该合格了。在她看来，入党和做研究一样，都是追求真理。摸着闪亮的党徽，李桓英说：“如果我能活到100岁，还有5%的人生可以跟党走，为医学事业继续奋斗。等到举行葬礼的那一天，希望我的身上能盖上中国共产党的党旗！”

如今，百岁高龄的李桓英依然心系麻风病防治事业，希望早日实现彻底消灭麻风病的理想。“麻风病的疫苗至今还是空白，自然疫源也不清楚，从基因水平揭示麻风病的发病机制还没人涉及。”李桓英说，“对于彻底战胜麻风病，我做得还远远不够。我愿意在岗位上为党和人民继续工作，为实现没有麻风的世界而奋斗。”

《经济日报》2021年8月20日

# 降伏麻风病　医者践初心

代小佩

李桓英满 100 岁了。早年，她的足迹遍布世界，后来，她的印记全部关乎中国。

1921 年，李桓英出生于北京，童年时曾跟随父母在德国柏林生活。她是上海同济大学医学院的本科生，是美国约翰斯·霍普金斯大学的研究生。在世界卫生组织任职时，她多次横跨各洲，为贫穷落后地区防治性病和雅司等疾病而努力。

1929 年，李桓英与父母在德国

7 年任期结束后，世界卫生组织希望李桓英续签 5 年合同。而李桓英全家已经移居美国，父母兄弟希望她留在身边。不过，这两个选项都被李桓英排除了。

李桓英曾在美国杂志上看过关于钱学森的报道，得知钱学森毅然回国时，她深受触动，“时不我待，作为中国人，我很渴望回到祖国的怀抱，想把我最好的年华奉献给祖国”。

于是，她瞒着家人，绕道伦敦，几经周折后终于回到中国。这一年是 1958 年，她 37 岁。此后的漫长岁月，她始终无悔最初的选择。

1970 年，李桓英在江苏第一次见到麻风病患者。他们有的脸部毁容，有的手脚畸形，有的皮肤溃烂。由于没有有效的治疗手段，麻风病患者往往被赶到偏僻之地，抱团取暖或自生自灭。

饱受病痛和歧视双重折磨的患者，给李桓英留下深刻印象，她立志要攻克麻风病。1978 年，李桓英被调到北京友谊医院热带医学研究所后，便将全部精力献给了这一事业。

20 世纪 70 年代末，世界卫生组织着手研究一种联合化疗治疗麻风病的新方法，药物配方已完成，但缺乏临床试验。得知这一消息后，李桓英开始在全国走访调查，向世界卫生组织提交了一份关于中国麻风病情况的详细报告，最终获得免费药品和实验项目支持。

带着这批药品，李桓英来到云南省勐腊县的“麻风寨”，劝说这里的每一个麻风病患者服药。

她的到来引来村民一片惊奇：北京来了个女医生，不怕麻风！渴了，她舀起患者家的水仰头就喝；饿了，她大大方方和麻风病患者一起吃饭；患者试探着同她握手，她便拉着手长时间不放。她说：“战士都知道子弹厉害，上了战场不照样往前冲？麻风菌可没有子弹厉害！”

李桓英将国外先进的治疗方法与中国实际相结合，率先开展了服药 24 个月就停药的短程联合化疗并在云贵川高发区的 7 个地州 59 个县推广实施，这一方法使全国麻风病患者从 11 万人下降到不足 1 万人，且年复发率仅为 0.03%，大大低于年复发率小于 1% 的国际标准。后来，短程联合化疗法在全球得到推广。

曼喃醒村不会忘记李桓英。经过两年治疗，“麻风寨”的患者全部治愈。1990 年泼水节，“麻风寨”摘掉了帽子，作为行政村被正式划入勐仑镇。李桓英为村子取名为“曼喃醒”，意为“新生的山寨”。

与麻风病的斗争没有就此停止。1996 年，李桓英率先在国内开展消除麻风运动，首次提出麻风病垂直防治与基层防治网相结合的模式，被称为全球最佳的治疗行动。

李桓英长期辗转于云贵川等贫困边远地区。前往麻风病区总是山高路险，李桓英曾 2 次翻车、2 次翻船，锁骨和肋骨都摔断过。她在勐腊坐独木舟过河翻了船，被捞上岸后却仰天大笑：我胖得像个皮球，哪里沉得下去？

2016 年 12 月 27 日，李桓英加入中国共产党的消息“刷屏”，因为这位新党员已经 95 岁了。为什么年逾九旬才申请入党？她说，自己以前还不够格，现在应该合格了。在她看来，入党和做研究一样，都是追求真理。医疗工作者就是要尊重事实、尊重科学，服务人民也是党员的基本职责。摸着闪亮的党徽，李桓英说：“如果我能活到 100 岁，还有 5% 的人生可以跟党走，为医学事业继续奋斗。等到举行葬礼的那一天，希望我的身上能盖上中国共产党的党旗！”

“我要干到 100 岁！”98 岁时，李桓英依然奋斗在麻风病防治研究第一线，为彻底消灭麻风病而努力。她曾说：“人的一生很短暂，只有拼搏，才是生命的最好延长，而再长的生命只为自己也将毫无意义。”

《科技日报》2021 年 8 月 20 日

# "时代楷模"李桓英：95 岁入党的"战麻斗士"

王天寡

"很多人问过我，当初已经离开祖国那么多年，为何选择回国？我都毫不犹豫地告诉他们：因为我是中国人，我在北京出生，不能忘本。"

2016 年年底，95 岁高龄的世界著名麻风病防治专家，首都医科大学附属北京友谊医院、北京热带医学研究所研究员，"战麻斗士"李桓英，举手宣誓加入中国共产党。

"我真心热爱中国共产党，诚挚地申请加入中国共产党。我虽已进入耄耋之年，但愿意以党员的身份为救治麻风事业奋斗终身！请党组织考验我吧！"

李桓英 1921 年 8 月出生于北京。童年时期，她曾跟随父母在德国柏林一起生活，看到了西方医学的迅猛发展。1957 年，她婉言谢绝了世界卫生组织续签 5 年合同的邀请，瞒着家人，只身一人绕道伦敦，几经周折，于 1958 年从莫斯科回到了祖国。这一年她 37 岁。从此，在 60 多年的漫长岁月中，祖国无论是晴空万里，还是风雨交加，她都无悔当初的选择，无数次的亲情召唤都没能改变她报效祖国的决心。

2021 年 8 月 20 日，中国医师节之际，中宣部将"时代楷模"称号授予这位百岁的世纪老人、致力于建设人类卫生健康共同体的麻风病防治专家、“年轻的”共产党员。

## 不悔抉择 百年无改是初心

“当时的新中国还在成立初期，一切都百废待兴，正是急缺人才之际。我曾在美国《时代》杂志封面上看到过我国导弹专家钱学森，当知道他毅然回国的消息时，内心有着很深的触动。那时的我已经30多岁，时不我待，作为中国人，我很渴望回到祖国的怀抱，想把我最好的年华奉献给祖国。”李桓英回忆道。

1978年，李桓英接到国家交给她的任务，被调到北京友谊医院，在热带医学研究所任研究员，从此和麻风病防治研究工作结下了不解之缘。这项工作于她而言虽是崭新的研究领域，但麻风病却是人类所面临的古老疾病，被认为是“不治之症”，因病致残的麻风病人也一直备受歧视。过去世界上很多麻风病人被隔离就算是好的，不隔离可能就面临着被活埋、被烧死，或沦落到无家可归等情形。“因此，说起麻风病，人们往往谈之色变，深入工作中，我也深感麻风病人遭受的疾苦。”

记得1979年到云南省的“麻风村”做实地考察时，李桓英见到了好几个年轻的麻风病姑娘和她们深受病痛折磨的家庭。她们本能够拥有青春的年华和幸福的生活，但每天身心都遭受痛苦与折磨，眼神里也透着绝望。“当时的麻风病防治工作还只注重实验室研究，研究成果往往不适用于实际，而根据前期积累的大量调研数据，李桓英深知只有深入病人身边，进行非隔离治疗现场研究，才有可能解病人之疾苦、消社会之歧视。”

当时，李桓英已年近花甲之年，但她了解到，世界卫生组织正在

1963 年夏季，李桓英在皮研所工作

研究一种联合化疗治疗麻风病的新方法，药物配方已经完成，但缺乏临床试验。为了争取到世卫组织免费的药品支持和实验项目，李桓英开始在全国进行走访调查。

在李桓英的办公室有一张云贵川交通图，上面插了 20 多面三角旗，那是她的足迹所到之处。根据中国麻风治疗标准，她和基层麻风防治工作者一道，前 5 年按每月观察 1 次，之后每年调查 1 次的频率坚持调研，前后达 15 年之久。

20 世纪 80 年代初，在西双版纳勐腊县境内“麻风寨”的麻风病防治研究工作开始了。“我们皮防站的两位同志在全县范围内历经 3 个月的艰苦考察，探访到的都是秃手秃脚、老鼠咬了手脚都察觉不到、生产生活不能自理的晚期病人。这不仅使我们工作人员内心受到极大震撼，同时大家也决心要治好这里的病人。”随之，李桓英把有关中国麻风病情况的详细报告递交给世界卫生组织，最终得以实施麻风短程联合化疗项目，并收到了世卫组织援助的联合化疗药品及车辆等物资。

1983 年年初，短程联合化疗现场实验正式施行。实际上，在村民们的固有观念中，麻风病是治不好的，连村长刀建新也对治愈麻风病表现出极度的不信任。但在李桓英带着大家挨家挨户为病人检查溃疡、耐心讲解治疗工作之后，尤其是刀建新，由强烈排斥逐渐转变为接受。

之后，刀建新还主动协助医生们做通了村民们的思想工作，努力劝说大家服药接受治疗。服药的过程并非一帆风顺，新药刚吃上二十几天，有些病人的脸部从发红到发紫，由于药物副作用引发的恐慌，使有些病人开始拒绝服药，甚至直接把药扔进水塘里。

“面对大家的质疑，我们唯一能做的就是再挨家挨户做病人工作，告诉他们这仅是服药后色素沉淀的正常反应，然后开导并鼓励大家坚持服药。3 个月后，病人的色素沉淀明显好转，心理上的恐惧彻底打消，身体状况也慢慢得以好转。两年后，我们为村民进行复查，结果显示服药病人全部治愈且没有复发情况。”

李桓英将国外先进的治疗方法与中国实际相结合，率先开展了服药 24 个月就停药的短程联合化疗，短短几年使全国的麻风病人从原来的 11 万人下降到不足万人，且年复发率仅为 0.03%，大大低于国际组织年复发率小于 1% 的标准。1994 年，李桓英的治疗方案被世界卫生组织在全球推广。1996 年，她又率先在国内开展消除麻风病运动，首次提出了麻风病垂直防治与基层防治网相结合的模式，被称为全球最佳的治疗行动。

## 孑然一身　心系病患显大爱

李桓英一生孑然一身，将全部的热情投入到对麻风病患的关爱中去。

北京友谊医院、北京热带医学研究所李桓英的助手袁联潮跟随了李桓英20多年，她回忆，李桓英每到现场工作，接触麻风患者，从来不穿防护服，也不戴口罩，总是主动去和病人握手、拍肩膀，甚至拥抱，她说，这样患者就会信任我们医生，也能坚定战胜病魔的决心。

2007年3月，北京热研所麻风室接诊了一位来自河南的麻风病患者，随着对他家中接触者的检查，医生们发现这家竟有5名新发麻风患者。他们因害怕在当地被暴露，一家人祖孙三代在北京租住平房，以捡拾垃圾为生。一天，患病母子来麻风室复查，李桓英看到患者的脚已有溃疡感染，得知一家人生活艰难窘迫后，又着急又心疼，当即拿出随身携带的1000元钱，作为患者在京的生活补助。同时要求科室要严格按照规则把患者治疗好、监测好。

2009年5月，这家人来到热研所复诊，其中有一位年仅24岁的男性患者，脚已溃烂感染，发生了隐匿骨髓炎，需要手术。李桓英说："患者这么年轻，一定要为他的将来着想。"为此，她联系友谊医院骨科主任会诊。由于患者有绿脓杆菌，不能在友谊医院手术，为了及时救治患者，李桓英亲自写信、电话联系全国麻风病控制中心，找到能做手术的专业机构和手术医生，还派医生专程陪同患者和家属前往湖南手术。5月10日，患者接受了扩创及死骨摘除术，获得了满意效果，提高了生活质量。

李桓英无微不至的关怀，使患者充分感受到党和政府的关爱和在社会主义大家庭的温暖。2015年，已是94岁高龄的李桓英，不顾膝关节术后的行走不便，再次来到曼喃醒村"麻风寨"。一进寨子，那些当年经她治愈的麻风病康复者就像见到了亲人，眼含激动的泪水，扑上来就喊："李妈妈，您回来了！"

"自从1979年李教授第一次来我们村，李教授共到过我们村20多次，她不仅治好了我们的病，而且对待我们就像亲人一般，经常与我们一起吃饭，手拉手跳傣族集体舞，她用自己无私的爱，唤起更多的人来关心和帮助我们。”刀建新的儿子岩糯回忆起村民和父亲患病的经历，至今仍颇为感慨。“那时候父亲一个人默默卷起铺盖，离开了亲人，放弃了工作，搬进了“麻风寨”。渐渐地父亲被人们遗忘了，连交党费都没人敢收。是李教授让我看到了生活的希望，让我树立了与病魔作斗争的信心。那时我才七八岁，是在李教授的帮助下治好了病，最后大家接受了我们，整个社会也认可了我们。”

“昔日‘麻风寨’的村民已经过上了幸福的生活，我由衷为他们感到欣喜，同时也为从事麻风防治工作的人们感到自豪，是大家用坚持和奋斗给予了麻风病人新的希望。”李桓英说，爱国有道，行为有范，艳阳与阴雨，平坦与坎坷，都是对我们工作的最高奖赏。

## 鲐背入党　一生奉献为科学

刚入党时，李桓英经常问袁联潮，她是不是又脾气不好了？“我是一名新党员，还有缺点和不足，请多提醒我改正。”

入党，是 95 岁的李桓英作出的选择。“入党和做研究一样，都是追求真理。”她说，医疗工作者就是要尊重事实、尊重科学，服务人民也是党员的基本职责。她摸着胸前的党徽，浅浅微笑：“如果我能活到 100 岁，还有 5% 的人生可以跟党走，为医学事业继续奋斗。等到举行葬礼的那一天，希望我的身上能盖上中国共产党的党旗！”

1980 年，李桓英曾到美国为父母扫墓，与弟妹们团聚。这一次，她依然坚定地拒绝了弟妹们的挽留，在详细考察了美国及其他几国的医疗成果和经验后，如约返回祖国，并用自己节约的外汇，为热研所麻风室购买了 1 台 Olympus 双筒荧光显微镜和英文打字机、幻灯机、幻灯片和相片等设备，并从美国麻风中心带回了千余人份的麻风菌素，

1980 年夏季，李桓英在美国洛杉矶父母的墓地前

后来这些麻风菌素都用在山东潍坊地区麻风病氨苯砜治疗后的复发预测上了。

“只要是我认准的事，就决不回头。”李桓英坚定不移地信奉着影响她一生一世的道德判断与行为选择，“我是中国人，我的根在中国，我的事业在中国。离开了祖国，我的人生还有何价值？”

李桓英经常说，科研工作就是要探索未知，敢为人先。只有敢想，才有进步的可能；要善于发现、敢于挑战新鲜事物。21 世纪进入了分子生物学时代，她又积极阅读文献，跟上时代的步伐，带领麻风室同志在科研上不断前行。

2021 年医师节，获得“时代楷模”称号的李桓英名至实归，她说，不忘初心、牢记使命，在多年的医疗工作和社会生活中，正是在党和国家的大力培养、支持和帮助下，我们治好了很多患麻风病的老百姓，得到了全世界的承认，而且我们的治疗方案也获得世界卫生组织的认可，取得了一定的成绩。“随着党和国家在医疗卫生事业上不断加强对麻风防治工作的重视以及加大对防治经费的投入，当前我国麻风防治工作经验丰富、成效显著。这让我看到党和国家是真真切切在为老百姓办实事、谋幸福，同时我也很感谢党和国家，是祖国这片沃土造就了我，让我有机会放手从事麻防工作，让我有机会看到被治愈病人脸上洋溢的笑容、过上的幸福日子。”

已经步入期颐之年，李桓英仍不愿余下的日子在闲暇时光中浪费掉。她希望在岗位上继续奋斗、为老百姓办实事：“对于彻底战胜麻风病，我做得还远远不够。只要我不是医院工作的累赘和包袱，我还愿意继续工作，还愿意为麻风病人服务，我的目标就是彻底战胜麻风病。因此，我会再接再厉，为党和人民继续努力工作！”

《人民政协报》2021 年 8 月 24 日

# 与党同龄的百岁医生李桓英：为彻底消灭麻风病奋斗终身

耿兴敏

2016 年 12 月 27 日，一场不同寻常的入党宣誓仪式在北京友谊医院举行。回忆那一天，李桓英说："我站在最前面宣誓，其他人都是 20 多岁。""我觉得不在于年龄有多大，而在于心境不老。"

如今已是百岁高龄的李桓英，是世界著名麻风病防治专家，首都医科大学附属北京友谊医院、北京热带医学研究所研究员。

## 想把最好的年华奉献给祖国

1921 年出生于北京的李桓英，曾于 1946 年留学美国约翰斯 · 霍普金斯大学，毕业后成为世界卫生组织的首批官员。她在世界卫生组织任职 7 年，被派往亚洲、美洲等许多国家，在防治性病和雅司等疾病在贫穷落后地区蔓延的工作中有着出色的表现。

1958 年，李桓英婉拒世界卫生组织续约邀请，只身辗转回到中国。

"很多人问过我，已经离开祖国那么多年，为何选择回国？我都毫不犹豫地告诉他们：因为我是中国人，我在北京出生，不能忘本。"

谈到这段经历，李桓英表示，当时的新中国还在成立初期，一切都百废待举，正是急缺人才之际。当她得知钱学森等一批科学家毅然回国报效祖国的消息时，内心受到很大的触动。“那时的我已经30多岁，时不我待，作为中国人，我很渴望回到祖国的怀抱，想把我最好的年华奉献给祖国。”

1978年，李桓英调到北京友谊医院，在北京热带医学研究所从事麻风病防治工作，在她看来，这是国家交给她的任务。从此，57岁的李桓英将全部精力贡献给麻风病的防治和研究工作。

## 让数万麻风病患者重获新生

麻风病是人类古老的疾病，历来是备受歧视的、致残的“不治之症”。刚从事麻风病工作之初，李桓英面对的是严峻的挑战：那时候的麻风病还具有很大危害，不但给患者带来极大的痛苦，还给社会带来莫大的恐惧。人人唯恐避之不及，就连许多从医的人也对麻风病人绕道而行。

回忆以往岁月，李桓英记得，20世纪80年代初在西双版纳勐腊县境内“麻风寨”的麻风病防治研究工作。

“我们皮防站的两位同志在全县范围内历经3个月的艰苦考察，探访到的都是秃手秃脚、生产生活不能自理的晚期病人。这不仅使我们工作人员内心受到极大震撼，同时大家也决心要治好这里的病人。”

随之，李桓英也把有关中国麻风病情况的详细报告递交给世界卫生组织，最终得以实施麻风短程联合化疗项目，并收到了世卫组织援助的联合化疗药品及车辆等物资。

1983年年初，短程联合化疗现场实验正式施行。村民们由起初的怀疑和不接受到随后的配合医生治疗，李桓英和同事们付出了卓绝的努力。

两年后，李桓英和同事们为村民进行复查，结果显示服药病人全部治愈且没有复发情况。

1983 年，李桓英过独木桥去勐腊县村子

昔日“麻风寨”的村民已经过上了幸福的生活，李桓英说，由衷为他们感到欣喜，同时也为从事麻风防治工作的人们感到自豪。

为了寻求更好的治疗方法，李桓英大胆解放思想，开拓创新，她将国外先进的治疗方法与中国实际相结合，率先开展了服药 24 个月就停药的短程联合化疗并在云贵川麻风病高发区的 7 个地州 59 个县进行推广实施。

短短几年，使肆虐数千年的麻风病魔成为可控、可治的普通疾病，全国麻风病人从 11 万人降至不足万人，年复发率仅 0.03%，远低于国际组织小于 1% 的标准，为我国及世界麻防工作作出了突出贡献。

此举证明无须住院隔离治疗，也可以解决麻风病的治疗难题，为数以万计的麻风病患者解除病痛、消除社会歧视起到了积极作用。

1994 年，该治疗方案被世界卫生组织在全球推广。1996 年，她又率先在国内开展消除麻风运动，首次提出了麻风病垂直防治与基层防治网相结合的模式，被称为全球最佳的治疗行动，促进了麻风病的早发现、早治疗。

## 生命不息　奋斗不止

几十年来，李桓英不断优化治疗方案，缩短疗程，消除歧视。她解决了该领域的重大策略和技术上的关键问题，为我国政府制定控制和消灭麻风病的整体规划，为全球实现消灭麻风病目标的可行性提供了重要依据，作出了重大贡献。

2005 年，以李桓英命名的“北京市李桓英医学基金会”成立，每年都选派一批优秀的中青年科技人才到国外访问学习。目前，已经选送 200 余人赴国外进修学习，为祖国培养了一大批医学人才。

2016 年 9 月，第十九届国际麻风大会在北京召开。李桓英荣获首届中国麻风病防治终身成就奖。当月，95 岁高龄的李桓英怀着对党的无限忠诚向党组织递交了入党申请书，她这样写道：“在多年的社会生活和医疗工作中，我深刻领悟到中国共产党是全心全意为人民服务的党。也正是在党的培养、支持和帮助下，我为广大麻风病患者做了一些工作，取得了一定的成绩，党又给了我很多荣誉和鼓励。我虽已进入耄耋之年，但愿意以党员的身份为麻风事业奋斗终身！”2016 年 12 月，李桓英正式成为中国共产党的一员。

如今，百岁高龄的李桓英仍然精神矍铄地奋斗在麻风病防治研究第一线，生命不息，奋斗不止，为的就是早日实现彻底消灭麻风病的理想。她说：“我国虽然基本上消灭了麻风病，但还没有彻底消灭，我们还有很多工作要做……”

《中国妇女报》2021 年 8 月 20 日

# 百岁"战麻斗士"李桓英：愿用一生矢志彻底消灭麻风病

杨绪军

2021年8月17日，世界著名麻风病防治专家、北京热带医学研究所研究员李桓英迎来百岁生日。在首都医科大学附属北京友谊医院一间病房里，墙上贴着彩色气球，桌上摆着早已准备好的大蛋糕，李桓英接过友谊医院党委书记辛有清等送上的鲜花，慢慢切下一块生日蛋糕，细细品尝，笑得像个孩子一样。

接受众人的祝福后，这位百岁老人若有所思，她停顿了一下，满怀深情地说："如果还有来生，我还会回到祖国，以平生所学为中国人服务。我为自己是一名中国人感到骄傲和自豪！"

## "离开祖国，人生还有什么价值？"

1921年8月，李桓英出生在北京。童年时，她曾跟随父母在德国柏林一起生活，看到了西方医学的迅猛发展。1945年，艰苦学医6年的李桓英以优异成绩毕业于上海同济大学医学院，次年前往美国约翰斯·霍普金斯大学攻读细菌学和公共卫生学硕士学位，毕业后留校任教。

1950 年，世界卫生组织成立，李桓英被约翰斯·霍普金斯大学推荐成为世卫组织首批官员，为防治性病和雅司等疾病在贫穷落后地区的蔓延作出了艰苦努力。

那时，李桓英拥有中、美两国两个知名学府的学习经历，还有在联合国工作的重要经历，这样的人生轨迹，可谓走上了人生巅峰。全家已移居美国，父母兄弟都希望李桓英能够留在身边，然而，此时的李桓英，内心早已偏向多年未有亲近的祖国——走访许多国家，看到亚非等国由于贫穷而导致疾病蔓延，李桓英牵挂着那个百废待兴的新中国。导弹专家钱学森毅然回国的消息更加触动着李桓英的心，“那时的我已经 30 多岁，时不我待，作为中国人，我很渴望回到祖国的怀抱，想把最好的年华奉献给祖国。”多年后，李桓英如此回忆。

1957 年，工作已满 7 年，世界卫生组织向李桓英发出续签邀请，李桓英婉拒了。她瞒着家人，只身一人绕道伦敦，几经周折于 1958 年从莫斯科回到了祖国。这一年她 37 岁。

作为助手，现任中国麻风防治协会秘书长的袁联潮在李桓英身边工作了 27 年。一次，她与李桓英聊起那段毅然回国的经历，李桓英缓缓地说：“国籍比家庭更重要，在国外跑了那么多国家，漂来漂去，就像浮萍似的，没有根。我是中国人，我的根在中国，我的事业在中国。离开了祖国，我的人生还有何价值？”一番话，给袁联潮留下了深刻的印象。

1964 年 3—5 月，李桓英与父母在香港

## 首创麻风病全球最佳治疗行动

1958 年冬，李桓英回到阔别 20 多年的北京，被分配到中央皮肤性病研究所工作。为配合国家彻底消灭性病的规划，李桓英接受了回国后的第一项任务：梅毒螺旋体制动试验。

在当时，这是一项极为尖端的实验，因为螺旋体在那个时候还不能体外培养。实验室设备简陋，甚至没有紫外线消毒设备。李桓英因陋就简，土法上马，用二氧化碳的喷雾水来消毒，还自制了二氧化碳孵箱，用自己饲养的兔子做试验，最终取得了成功。

此后，李桓英又开展了麻风抗原制备，土法上马自力更生制作的麻风菌脂质抗原提取成功。为了验证效果，李桓英和同事先在自己身上做试验。这是非常冒险的实验，当时麻风病还没有特效药，如果感染了就真的成了麻风病人。至今，李桓英双臂上还留有清晰可见的疤痕。紧接着，李桓英又自力更生，在我国首先开展了荧光抗体试验，在当时就达到了国际先进水平。

一项项科学实验的成功，奠定了李桓英的学术地位，也让大家看到这样一个李桓英：有条件干，条件简陋也干，没有条件也要创造条件干。

1970 年，在中央皮肤性病研究所工作的李桓英，在江苏省的一个"麻风村"第一次见到了麻风病患者。

作为一种古老的疾病，麻风病已有 3000 多年的历史，它是由麻风杆菌引起的一种慢性传染病，主要侵犯皮肤和周围神经，历来是"不治之症"。患了麻风病的人，有的脸部毁容，手脚畸形，由于没有有效药物，在旧社会常常被赶到偏僻的地方，任其自生自灭。

尽管之前做过麻风病相关实验，但疾病给患者带来的痛苦给了李桓英极大的触动，不服输的她立志要攻克麻风病。1978 年年底，李桓英调到北京友谊医院，在北京热带医学研究所任职研究员，从此，57 岁的她将全部精力贡献给麻风病的防治和研究工作。

20 世纪 70 年代末，已年近花甲的李桓英了解到，世界卫生组织正在研究一种联合化疗治疗麻风病的新方法，药物配方已经完成，但是缺乏临床试验。为了争取到世界卫生组织免费的药品支持和实验项目，李桓英到全国各地走访调查。1982 年，李桓英向世界卫生组织递交了一份关于中国麻风病情况的详细报告，世界卫生组织批准了在中国进行联合化疗方法的实验项目。

为了寻求更好的治疗方法，李桓英将国外先进的治疗方法与中国实际相结合，率先开展了服药 24 个月就停药的短程联合化疗并在云贵川麻风病发病率较高的 7 个地州 59 个县推广实施，解决了麻风病的治疗难题。全国的麻风病人从原来的 11 万人下降到不足万人，年复发率仅为 0.03%，为我国乃至世界麻风病防治工作作出了突出贡献。1994 年，这一疗法被世卫组织在全球推广。1996 年，她又率先在国内开展消除麻风运动，首次提出了麻风病垂直防治与基层防治网相结合的模式，被称为全球最佳的治疗行动，促进了麻风病的早发现、早治疗。

## “麻风病不可怕，内心的恐惧才可怕”

为了我国麻风病防治事业，李桓英长期奔波在云贵川贫困边远地区 7 个地州 59 个县，几乎每一个村寨都留下了她的足迹。

新中国成立以前，在西双版纳州，麻风病人被称为“琵琶鬼”，只要家中有一人得病，全家就要被赶出村寨，搬离到远离村民的偏僻山林中居住，自己开垦荒地，生产自救，久而久之就集中形成了大小不等的“麻风寨”。云南省勐腊县曼喃醒村就是其中之一。

1979年，已近60岁的李桓英第一次走进南醒“麻风寨”。她居然不戴手套，不穿隔离服，就与病人亲切握手，为他们仔细检查身体并将病人的鞋子脱下，摸摸里面有没有沙粒。不光如此，她还敢喝病人家里的水、吃病人家里的饭。在当时，这些举动大家连想都不敢想。李桓英告诉大家：麻风病的传染性并不强，内心的恐惧才是最可怕的。只要经过正规治疗，麻风病人也可以像正常人一样生活。

李桓英用手摸麻风病人的鞋里是否有沙子

在深入麻风病区的途中，由于山高路险，道路崎岖，李桓英曾经4次遇险，2次翻车、2次翻船，两侧锁骨和肋骨都摔断过。一次正值雨季，李桓英从云南文山返回昆明途中，因山陡路滑，不幸汽车翻滚到了路边的玉米地里，造成她右锁骨骨折。当地领导怀着焦急的心情到医院看望她时，她却开玩笑地说：“没关系，任何事情的发生都有一个概率，按我乘车的次数来讲，也应该发生了。”就这样，她仅在医院住了两周，就缠着绷带，拒绝护送，一个人返回北京。

经过两年的治疗，云南省勐腊县的麻风病患者被全部治愈。1990年4月17日，这里“麻风寨”的帽子被摘掉了，南醒“麻风寨”也更名为“曼喃醒”，意为“新生的山寨”。一群身穿鲜艳傣族服装的妇女，用鲜花穿成花环，将亲手缝制的傣家服装献给他们的恩人李桓英教授。

2016年9月，第十九届国际麻风大会召开，李桓英荣获首届中国麻风病防治终身成就奖。当月，95 岁高龄的李桓英向党组织递交了入党申请书，“以前我总觉得自己还不行，还不合格，现在我觉得自己应该合格了。工作了快 60 年，从回国开始就从未后悔，但我深知如果不入党我一定会后悔。”李桓英说，“我虽已进入耄耋之年，但愿意以党员的身份为麻风事业奋斗终身！”2016 年 12 月，李桓英与医院年轻的医务工作者一起庄严宣誓，正式成为一名中国共产党党员。

如今，百岁高龄的李桓英仍关注着麻风病防治进展。她说：“我国虽然基本上消灭了麻风病，但还没有彻底消灭，我们还有很多工作要做。”“李桓英教授以不悔选择彰显爱国华侨情怀，她追求科学真理，对党和人民的事业忠贞不渝，把毕生精力都献给了自己热爱的卫生健康事业。她的人生经历，让我们感受到了一位科学家的奉献精神与深厚的爱国情怀！”辛有清说。

《北京日报》2021 年 8 月 20 日

# 百岁“战麻斗士”李桓英却是一位年轻党员

孙乐琪

“我真心热爱中国共产党，诚挚地申请加入中国共产党。我虽即将进入期颐之年，但愿意以党员的身份为麻风病救治事业奋斗终身！请党组织考验我吧！”

2016 年年底，在北京友谊医院干保楼的一间会议室里，举办了一场特别的入党宣誓仪式。95 岁高龄的“战麻斗士”李桓英对着党旗吐露自己的心声。

如今，作为世界著名麻风病防治专家，首都医科大学附属北京友谊医院、北京热带医学研究所研究员，百岁高龄的李桓英已为中国卫生事业奉献了 60 多年。追忆起 4 年前党旗下的誓言，老人慈祥的脸上仍然会露出骄傲的笑容。“能够以党员的身份奋斗余生，我很欣慰。”她说。

“1958 年，我辞去了世界卫生组织聘任的专家职务，告别了已迁居美国的父母，毅然回国。我对投报祖国感到无比光荣……”回国那一年，李桓英 37 岁，作为世界卫生组织的首批官员已工作 7 年。遍访多国的她，看到许多亚非国家贫病交织的情形，对祖国的惦念尤为强烈。为此，她毅然只身回国。

20 世纪 70 年代，李桓英在江苏省一个“麻风村”第一次见到了麻风病患者，疾病带来的凄凉给她的心灵造成了强烈的震撼。1978 年，已年近花甲的她调到北京热带医学研究所，从此将全部精力都贡献给了麻风病的防治和研究工作。

1983 年，李桓英带着从世卫组织申请来的新药，在云南省西双版纳傣族自治州勐腊县 3 个偏远的“麻风村”试点短程联合化疗。这一方法的推广使全国的麻风病人从原来的 11 万人下降到不足万人，且年复发率仅为 0.03%，大大低于世卫组织规定的年复发率小于 1% 的标准。1996 年，李桓英又率先在国内开展了消除麻风病的特别行动计划，实现了麻风病的早发现、早治疗。“治愈患者给医者带来的心灵慰藉是任何酬劳都不能取代的。”追忆往事，李桓英说。

为了中国麻风病防治事业，李桓英许多年来一直奔波在云贵川贫困边远地区。7 个地州 59 个县，几乎每一个村寨都留下了她的足迹。“2 次翻车、2 次翻船，两边的锁骨和肋骨都摔断过。”老人笑着追忆在崎岖山路中的几次“历险”。“要想搞事业，就别怕付出。若要计较，就什么也干不成。”说这话时，她语气平静，仿佛这不是什么值得一提的大事。

为什么年逾九旬才申请入党？“还不行，我还不合格。”李桓英之前总是这么说。她一生用极其严谨的态度对待科研，对于入党，同样自我要求严格。

“服务了快 60 年，我觉得我自己现在可能合格了。”2016 年，第十九届国际麻风大会在北京召开，李桓英获得了首届中国麻风病防治终身成就奖。这之后，她向党组织递交了入党申请书。

在入党申请书中，李桓英写道，“在多年的社会生活和医疗工作中，我深刻领悟到中国共产党是全心全意为人民服务的党。正是在党的培养、支持和帮助下，我为广大麻风病患者做了一些工作，取得了一定的成绩，党又给了我很多荣誉和鼓励”。

“其实，在入党预备期那一年，我还曾准备再去云南。”那时，90多岁的李桓英仍义无反顾地奔波在麻风病防治工作一线。不过，由于身体原因，老人再上云贵高原的心愿，始终没能实现。

这几年，在友谊医院热带医学研究所一间不足8平方米的办公室里，还经常能看到她伏案钻研的身影。在办公室的墙上，挂着一张云贵川交通图，上面插了20多面三角旗，都是她的足迹所到之处。

“中国虽然已基本消灭了麻风病，但还没有彻底消灭，还有很多工作要做。”李桓英始终关注着麻风病防治方法和发病机制研究的进展。她说，麻风病的疫苗至今还是空白，自然疫源也不清楚，从基因水平揭示麻风病的发病机制还没人涉及。“科研工作者不能停下创新的脚步，这是我们面对党和人民必须肩负的责任。”李桓英多次殷殷嘱咐前来探望的学生和后辈。

在李桓英几十年的从医生涯中，她的多项研究解决了国内外麻风病防治领域重大策略和技术的关键问题。她被任命为世界卫生组织麻风病专家委员会成员，并多次担任国际麻风会议主席和副主席。她还曾获得国家科技进步奖一等奖、全国五一劳动奖章、全国医德楷模等荣誉。但说起一生中最让她难以忘怀的一刻，那还要数2016年年底，面对党旗庄严宣誓的那一幕。

“入党和做研究一样，都是追求真理。”百岁老人李桓英，却是个党龄4年的“年轻党员”。她忘不了入党那一刻的激动心绪，“能够作为党员为医学事业奋斗余生，这就是我最重要的心愿。希望在我葬礼的那一天，身上能盖上中国共产党的党旗！”

## 寄 语

2021年将迎来建党100周年，我很荣幸自己是党的同龄人。从医80多年来，我做得最正确的选择就是能够回到祖国、报效祖国，只要我还有精力、有力量，我愿意为党和人民奉献终身。

——李桓英

《北京日报》2021年1月5日

# 最美奋斗者：“抗麻斗士”李桓英

骆倩雯

“麻风病把我们从人变成了鬼，是李教授把我们从鬼变回了人。”患者的感激，被李桓英视作最高的褒奖。

麻风病，威胁人类的古老疾病，很长的时间里，麻风病不仅是不治之症，还会令患者备受歧视，人人避之不及。李桓英不怕，这位1958年留美归国的医生，把全部精力都贡献给麻风病的防治和研究工作。

1978年，李桓英调入北京友谊医院、北京热带医学研究所。她大胆创新，将国外先进的治疗方法与中国实际相结合，率先开展了服药24个月就停药的短程联合化疗，经过在云贵川高发区的7个地州59个县推广实施，短短几年，曾肆虐千年的麻风病成了可控、可治的普通疾病，我国麻风病人从11万人降至不足万人，年复发率仅0.03%，远低于国际组织小于1%的标准。

1994年李桓英的治疗方案被世界卫生组织在全球推广。1996年，她又率先在国内开展消除麻风运动，首次提出了麻风病垂直防治与基层防治网相结合的模式，被称为全球最佳的治疗行动，促进了麻风病的早发现、早治疗。

李桓英乘滑索过江

辉煌成果的背后，是不畏困难的艰苦付出。为了我国麻风病防治事业，李桓英向世界卫生组织申请到上百万美元防治经费，长期奔波在云南、贵州、四川贫困边远地区，7个地州59个县，几乎每一个村寨都留下她的足迹。1989年李桓英去四川西昌，汽车翻越雪山时突然失控，翻进十几米深的山沟里……李桓英苏醒时，雪地上是一大片血迹，她的两侧锁骨和3根肋骨骨折，头部外伤缝了7针。这样的遇险不止一次，她曾经4次遇险，2次翻车、2次翻船……但这都没有阻止她“抗麻”的脚步。

“以前人们对麻风病怕得要命，我就不信邪。”李桓英说。她主动接触麻风病人，病人家的水她仰头就喝，饭捧起就吃；病人试探着同她握手，她拉着病人的手，长时间不松；遇到病人，她会拍拍病人的肩膀，摸摸病人鞋里有没有沙粒……她期待用自己做例子，消除人们对麻风病人的歧视。

2005年，以李桓英命名的“北京市李桓英医学基金会”成立，每年都选派一批优秀的中青年科技人才到国外访问学习。目前，已经选送200余人赴国外进修学习，为祖国培养了一大批医学人才。2016年9月，第十九届国际麻风大会在北京召开，李桓英荣获首届中国麻风病防治终身成就奖。

2016年，已95岁的李桓英向党组织递交了入党申请书，她写道：“在多年的社会生活和医疗工作中，我深刻领悟到中国共产党是全心全意为人民服务的党。也正是在党的培养、支持和帮助下，我为广大麻风病患者做了一些工作，取得了一定的成绩，党又给了我很多荣誉和鼓励。我虽已进入耄耋之年，但愿意以党员的身份为麻风事业奋斗终身！”

《北京日报》2019年7月27日

# 让中国不再有麻风病

王建柱

2016年12月27日上午，95岁高龄的李桓英又戴上了那条大红色的羊绒围巾。“我很少穿戴鲜艳的颜色。今天我要言行一致，因为党旗是红色的。”李桓英仔细捋顺两鬓的头发，整理好颈间的红围巾，举起右拳。她站在一群新党员中间，苍老的声音饱含岁月打磨过的笃定：“我志愿加入中国共产党……”

新中国麻风病防治史上，她是与麻风病人零距离接触的第一位医学专家！2次翻车、2次翻船的经历，都没能挡住这位老人的足迹走遍云贵川7个地州59个县的麻风病高发区。

## “麻风村”，她走进村长家里吃饭喝酒

在云南的西双版纳有一个不知名的小村落，村民都是因为得了麻风病而被迫迁到这里的，大家都称它“麻风村”。1983年春天，在“麻风村”唯一通往外界的一条小路上，风风火火地走来了一位女医生，她就是62岁的首都医科大学附属北京友谊医院热带医学研究所研究员李桓英。

说起麻风病的可怕，还有一段故事。

勐腊县委原副书记刀建新深受人民爱戴，在西双版纳知名度极高，但在 1950 年的一天，他却神秘消失了。没过多久，谜底被揭开：刀副书记患上了麻风病！

当时，麻风病在人们眼中，比死神还可怕、比魔鬼还狰狞。刀建新为了不让可怕的疾病传染给其他人，选择了离开工作岗位，并与妻子离婚，住进偏僻荒凉的“麻风村”。这是一个由麻风病人及其家属过河开荒，在原始森林的脚下自我隔离而组成的一个村寨。

离开工作岗位之前，刀建新没忘交纳党费。他心里清楚，这可能是自己最后一次交纳党费了。然而他却发现，自己伸出去的手始终没人接应。他猛然醒悟了：自己现在已是“魔鬼”附体的人了，同事们虽然非常同情自己却不能不防范。刀建新在“麻风村”一住就是 30 多年。他的遭遇，深深地刺痛了李桓英的心。

但是，李桓英来给大家治疗麻风病却并没有受到村民们的欢迎，“我想去和他们握手，但他们都把手缩了回去，因为怕我被传染上”。这些病人对李桓英的到来表示了不信任，因为他们不相信麻风病可以被治好，其中态度最坚决的就是村长刀建新——他自己曾经试过用蒸煮、内服、外贴等各种办法来医治麻风病，然而这些试验做了 10 多年却一次也没能成功，最后，刀建新陷入了深深的绝望。在他看来，麻风病如果能治愈，水牛角也能扳直。

刀建新的绝望也不难理解，数千年来，无数科学家都试图攻克麻风病，却收效不大。1980 年，能说一口流利英语的李桓英被派到世界卫生组织做访问学者，这时她得知，世界卫生组织正在研究一种联合化疗的新方法，由一种药物的治疗改为多种药物联合化疗。药物的配方已经完成，但是缺乏临床试验。

李桓英终于有了实践的机会。她来到这个当时在地图上都找不到的“麻风村”，直接走进了刀建新的家和他一起吃饭喝酒。“苞谷饭很好吃，在北京是难得吃到的。我要多吃点儿，明天早上就不会饿了。”李桓英的举动让大家无比惊讶，因为在麻风病人家里吃饭，这在当时是一件不可思议的事情。

## “北京来的女摩雅不怕麻风病！”

李桓英第一次接触到麻风病人是在 1970 年。那时她在中国医学科学院皮肤病研究所工作，和一些医学专家被下放到苏北“麻风村”。那时，医生们参与治疗时总是把自己像防化兵一样封闭起来，外露部分只剩下两只眼睛；发药时，许多医生是通过木棍传递过去的。

麻风病人受疾病折磨和社会歧视的悲惨境遇深深地触动了李桓英。随着工作一步步地深入，她渐渐了解到，麻风病是一种传染性并不很

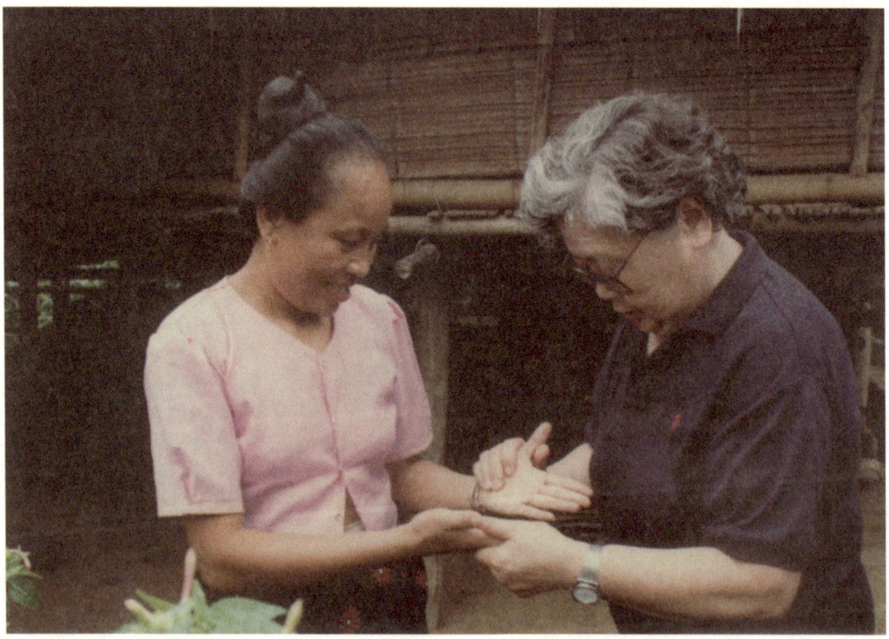

1998 年 7 月，李桓英在云南勐腊县曼喃醒村为麻风病愈者检查双手康复情况

强的疾病，并且 95% 的人对这种病有免疫能力，之所以会引起人们的恐惧，主要是因为它能致残。

麻风病的潜伏期很长，短的几个月，最长的甚至会二三十年。最初病人身上会出现一些浅色的色斑和皮损，由于大都长在不易被发现的部位，若不能及时发现，就会造成残疾。因此李桓英认为，早发现、早治疗是防治工作的关键。

在新中国防治麻风病的历史上，作为医学专家，李桓英可谓敢与麻风病人零距离接触的先辈！为消除病人顾虑，拉近与他们的距离，李桓英走村串户为病人做检查，她看到很多患者手足畸形、眼鼻歪斜，便二话不说走上前去，握住患者的手，甚至与他们拥抱。接着又俯下身来，为病人检查伤口。她还把手伸进病人刚脱下的鞋里，摸摸有没有沙子和钉子，告诉他们要注意清理鞋中的异物。

李桓英不但与麻风病患者亲密接触，甚至鼓励当地官员也这么做。她握完一位病人的手，很自然地把这双手引向一位当地官员："你看，县长，你摸一摸这手的神经有多粗，你也握一下吧。"对方心里害怕，却不好拒绝，终于与病人的手拉在了一起。"如果医生怕，那干部们肯定怕；如果干部心里都怕麻风，怎么叫老百姓不歧视麻风病人呢？"就这样，她微笑着给大家上了第一课：麻风病并不可怕。

"以前人们对麻风病怕得要命，我就不信那个邪，就是要和这种错误观念斗。"病人试探着同她握手，她拉着就长时间不松；遇见病人，她总是拍拍对方肩膀问个好。她经常是不戴口罩，不穿隔离服，病人家的水她仰头就喝，病人家里的饭端起碗就吃。她还和刀建新成了好朋友。李桓英的勇敢令同行敬佩，更令病人惊讶：多少年来，人们对麻风病人避之唯恐不及，而北京来的这位女大夫，用行动告诉他们"麻风病可防、可治、不可怕"。

没过多久，整个"麻风村"沸腾了起来："天哪，北京来的女摩雅

（医生）不怕麻风病！”

当李桓英再次跋山涉水来到“麻风村”时，村民们热情地向她打招呼：“哎呀，你可来了，我们一直都在盼着你呢，怕你不再来了。”在刀建新的支持下，李桓英在“麻风村”的防治工作正式展开了。

在检查中，李桓英发现刀建新 8 岁的儿子岩糯臀部有一块未定类麻风，有指甲盖那么大，扎他也没有感觉，这正是早期麻风病的特点。

于是，刀建新的儿子岩糯成了李桓英所提倡的早发现早治疗的最大受益者，由于发现及时治疗及时，他体内的麻风杆菌被彻底杀死。

## 她的经验使世界数万名麻风病人受益

对岩糯的成功治疗，让村民们完全接受了李桓英所带来的药物。正当李桓英为联合化疗方法得以顺利实施而感到高兴时，一些村民开始拒绝服药，还有的村民把免费送去的药物扔到了水塘里。

原来，在服用了李桓英提供的药物后，有些病人的脸色开始发紫、发红，从而引起了村民们的恐慌。而李桓英并不着急，因为她知道这是一种色素沉淀现象，是多种药物混合服用后的正常反应，这种反应因个体差异只在少数病人身上出现。

李桓英开始挨家挨户做病人的工作，她耐心给村民讲解，开导并鼓励病人坚持服药。为了随时检查每个病人的情况，她干脆就在“麻风村”住了下来。李桓英的真诚和耐心又一次打动了村民，他们开始按要求正常服药，3 个月后，病人的色素沉淀明显好转，症状开始消失。

24 个月后，李桓英再一次来到“麻风村”，和基层麻防人员一起为村民进行了复查，所有服药的病人全部治愈，且无一人复发。

试验获得了成功，整个山村都沸腾了。村里的男女老少纷纷跑到李桓英面前，用鲜花串成花环，将亲手缝制的傣家服装献给他们心目中的大“摩雅”。刀建新老泪纵横：我 30 多年埋在土里，现在终于重新做人了！

在走村串寨中，李桓英总结出了一个早发现麻风病的小窍门：让小学生们每天都回家检查父母的双手、双脚，看身上有没有不痛不痒的浅色斑块或凸起的肿块；若有异常马上报告老师，由老师通知村里的麻风病防治人员，进行确诊病情记录和追踪、诊治。点子虽小，却实用、有效。

1985 年，李桓英的短程联合化疗方法，扩大到云贵川麻风病发病率较高的 7 个地州，有万余例麻风病患者被治愈，10 年监测显示，复发率仅为 0.03%，远远低于世界卫生组织规定的小于 1% 的标准。这一巨大成功，也引起世界卫生组织的高度关注，经 10 年的监测期考察论证后，于 1994 年向全世界推广。

1990 年的泼水节，是全村人最难忘的日子，李桓英带来了吉祥之水，彻底洗去了这个山寨的愁云和阴霾。当地政府在村里举行了“麻风村”摘帽大会，李桓英为这个村取名叫“曼喃醒村”，意思为新生的村寨。

1994 年，世界卫生组织在全世界推广了李桓英的联合化疗经验，这一经验使全世界数万名麻风病人受益。

1998 年，国际麻风大会首次在北京召开，这也是对我国在麻风病防治领域作出的成就和贡献的肯定。在这次会议上，李桓英教授被推选担任本次大会的轮值执行主席。她开展的短程联合化疗和消灭麻风病的特别行动计划，被誉为全球最佳治疗行动。世界卫生组织官员诺丁博士紧紧握着李桓英教授的手说：“全世界麻风病防治现场工作，你是做得最好的。”

## 拒绝世界卫生组织的续聘，回到祖国

李桓英1921年8月出生于北京。祖父和父亲对她的成长产生了很大的影响。她的父亲毕业于德国柏林科技大学，李桓英的小学时代有两年是在柏林度过的。那时德国的医学已经很发达，而中国的医学还很落后，祖父和父母建议她去学医。在家庭的影响下，李桓英走上了学医的道路。

1939年，李桓英考入了上海同济大学医学院。后到美国约翰斯·霍普金斯大学学习，她选择了细菌与公共卫生专业，立志要为广大群众服务。

“我的青少年时代主要是在中国度过的，这决定了我的一生要为祖国服务，为改变中国的落后面貌贡献微薄力量。”李桓英的话语中充满了对青年时代的留恋，更充满了对祖国母亲的深情。

1950年，品学兼优的李桓英被美国约翰斯·霍普金斯大学推荐，来到瑞士日内瓦刚成立的世界卫生组织工作。作为世界卫生组织首批官员（技术专家），她用了7年时间在亚洲、美洲做防治性病和雅司病等疾病的工作。正是那段经历，使她深切地感受到因国家经济落后、人民贫穷而造成疾病蔓延的痛苦。“新中国百废待兴，又何尝不是如此？”每当想到这些，她就恨不得马上飞回祖国去。

然而，最终促使她下决心回国的却是一件在美国机场的遭遇。有一次，李桓英在旧金山过境签证时，机场管理员让其他成员都顺利通过了，唯独要求她必须按手印才放行。“我知道，这是针对中国人的，当时我心里就像被刀扎了一下。准确地说这是一个激发点，就在那一刻我铁了心一定要回国。”

1958年，37岁的李桓英拒绝了世界卫生组织的续聘，放弃了优厚的待遇和舒适的生活条件，孤身一人经伦敦绕道莫斯科回到了祖国。"当时国内的医疗条件非常差，亟须发展，我认为自己既然是个中国人，就有责任为中国人民服务。"从此，在近半个世纪的慢慢岁月中，祖国无论是晴空万里，还是风雨交加，她都无悔当初的选择。

三年困难时期，早已在美国定居的父母放心不下独身一人在国内生活的女儿，专程从美国飞到香港，当时李桓英也赶到了香港。见面后父母反复动员她去美国与家人团聚。很多人认为她这一去就不会再回来了，没想到两个月之后她又出现在同事面前。"我回国的目的是什么？不就是要为祖国服务吗？国家这么困难，如果弃之而去还不如当初就不回来。"父母被女儿的报国情深深感染了，他们满怀希望而来，却带着眷恋走了，没想到这次会面竟成了父母与女儿的永别。

1980 年，李桓英作为改革开放后第一批访问学者远渡美国。这是她回国后第一次在美国与亲人团聚。此时父母已经过世，弟弟妹妹劝她："大姐，您年纪大了，在国内又孤身一人，干脆就留下来吧。"启程前，同事们也认为她年近花甲，在国内又举目无亲，不回来也是很正常的事。然而，她在详细考察了美国的医疗成果和经验，并向世界卫生组织申请了治疗 100 人份的麻风新药后，如约返回了祖国。

2001 年 2 月 19 日上午 10 时，李桓英健步走上人民大会堂主席台，从党和国家领导人手中接过 2000 年度国家科技进步奖一等奖证书。老人的话像她的人一样朴实："我这算不上什么高科技，也没什么特别的，最多的不过是'上蹿下跳'。上蹿：蹿到世界卫生组织申请资金；下跳：跳到'麻风村'为人民服务。"

## "只要是我认准的事，就决不回头。"

"麻风病的历史在我们这一代该完结了！"

不少朋友和同事对李桓英的选择感到不理解，因为，凭她的资历很轻易就可以拿到好的研究项目。

麻风病是一个极其古老的病种，早在埃及建造大金字塔之前就开始祸及人类了。在人类与麻风病斗争的几千年里，又几乎全都是失败的记录！“麻风病的历史在我们这一代该完结了！”多年来，她几乎把自己的一切都献给了麻风病的防治事业。她把实验室的设备放在了基层，把好不容易争取来的上百万美元药品器材和 15 辆越野车也送给了基层使用；还有她得来的众多奖金，以此鼓励让更多人参与和麻风病的“对阵”。

在李桓英自己制作的地图上，有 3 面小旗，标出的地方，就是李桓英防治研究麻风病的 3 个试验点，它们都在西双版纳勐腊县境内，是 3 个疫情最为严重的“麻风寨”。这一年，李桓英已经 58 岁了。从北京到那里要用几天，然后还要乘汽车走六七个小时的山路才能到达。由北京去一趟“麻风寨”，即便是年轻人也会累得几天爬不起床，但年近花甲的李桓英却硬是挺了下来。她从未叫过苦，也从不认为苦。

在勐腊，到“麻风村”要过河，多数时间只有独木舟可坐。这种原始的渡河工具没有稳定性可言，左右摇动，随时有倾覆的危险。遭遇过翻船，她笑呵呵地说：“我这么胖，沉不了。”

李桓英乘坐独木舟过河进入“麻风村”

山高路险，她先后两次经历了车祸，最严重的是一次雪地翻车，汽车翻滚到 10 多米深的沟里才停了下来，她被甩出去很远，躺在血泊中昏迷不醒。几次车祸，曾让李桓英3根肋骨骨折，双侧锁骨断裂，头部负伤缝过7针，身上伤痕累累。北京友谊医院热带病研究所的同事说，李教授所经历的艰难困苦让年轻人都无法承受，好多时候大家都怀疑李教授不是凡人！

2016年9月，第十九届国际麻风大会在北京召开，李桓英荣获首届中国麻风病防治终身成就奖。李桓英说，目前，虽然我国麻风病发病人数在逐渐减少，但随着市场经济和流动人口的增加，发病和就诊往往打破了流行地域的界限而松散出现。李桓英忧虑地说："过去四五十岁的人一听到麻风病更多的是恐惧，而那些80后学医的孩子们压根就不知道在世上还有麻风病！"

在2016年9月，这位95岁高龄的老教授，向党组织递交了入党申请书。在入党申请书中她写道："我虽然已进入耄耋之年，但愿意以党员的身份为防治麻风病事业奋斗终身！"

过完2017年春节，李桓英又要出发去云南。她想看看那里治愈的麻风病人病情有没有复发？他们的亲属有没有潜在感染？"实现一个没有麻风病的世界"是李桓英的理想。

《北京日报》2017年2月14日

# 让麻风病人重获新生

蒋若静

李桓英，是首都医科大学附属北京友谊医院、北京热带医学研究所研究员，更是世界著名麻风病防治专家。她将全部精力贡献给麻风病的防治和研究工作。她长期奔波在云贵川贫困边远地区，曾经 4 次遇险，2 次翻车、2 次翻船，两侧锁骨和肋骨都摔断过。她解决了麻风病防治领域的重大策略和技术上的关键问题，为我国政府制定控制和消灭麻风病的整体规划、为全球实现消灭麻风病目标的可行性提供了重要依据。从 57 岁至今，李桓英的人生都奉献给了麻风病研究。是她，让麻风病变成可治疗的普通疾病；也是她，让麻风病人从“鬼”变回了人。

1958 年，国家百废待兴，留学美国的李桓英婉拒了世界卫生组织续约邀请，只身辗转回到中国，甚至瞒着定居美国的父母。1978 年，李桓英调到北京友谊医院、北京热带医学研究所，从此，57 岁的她便将全部精力贡献给麻风病的防治和研究工作。

麻风病是人类古老的疾病，历来是备受歧视的、致残的“不治之症”，不但给患者带来极大的痛苦，还给社会带来莫大的恐惧。人人唯恐避之不及，就连许多从医的人也对麻风病人绕道而行。可李桓英不怕，她大胆创新，将国外先进的治疗方法与中国实际相结合，率先开展了服药24个月就停药的短程联合化疗，并在云贵川高发区的7个地州59个县推广实施。短短几年，肆虐数千年的麻风病魔成了可控、可治的普通疾病，全国麻风病人从11万人降至不足万人，年复发率仅0.03%，远低于国际组织小于1%的标准。

1994年，李桓英的治疗方案被世界卫生组织在全球推广。1996年，她又率先在国内开展消除麻风运动，首次提出了麻风病垂直防治与基层防治网相结合的模式，被称为全球最佳的治疗行动，促进了麻风病的早发现、早治疗。

“以前人们对麻风病怕得要命，我就不信那个邪，就要和这种错误观念斗。”李桓英用自己做试验：病人家的水她仰头就喝，饭捧起就吃；病人试探着同她握手，她拉着就长时间不松；遇见病人，她总是拍拍肩膀，摸摸鞋里有没有沙粒……麻风病患者说：“麻风病把我们从人变成了‘鬼’，是李教授把我们从‘鬼’变回了人。”

为了我国麻风病防治事业，李桓英向世界卫生组织申请到上百万美元防治经费，长期奔波在云贵川贫困边远地区，7个地州59个县，几乎每一个村寨都留下了她的足迹。在深入麻风病区的途中，由于山高路险、道路崎岖，李桓英曾经4次遇险，2次翻车、2次翻船，两侧锁骨和肋骨都摔断过。她不是没有在心里叫过苦，只是她始终觉得，既然已经选择了这条路，就要无比坚定地走下去。

1980年8月，李桓英在美国CDC介绍中国情况

李桓英还带领麻风病研究课题组的同志进入分子生物学研究领域，开展

麻风病早期诊断、耐药基因检测和分子流行病学的研究。多年来，李桓英不断优化治疗方案，缩短疗程，消除歧视。她解决了该领域的重大策略和技术上的关键问题，为我国政府制定控制和消灭麻风病的整体规划，为全球实现消灭麻风病目标的可行性提供了重要依据。她的努力，被世界卫生组织官员诺丁博士评价说："全世界麻风病防治现场工作，你是做得最好的。"

2016 年，95 岁高龄的李桓英向党组织递交了入党申请书，她这样写道："在多年的社会生活和医疗工作中，我深刻领悟到中国共产党是全心全意为人民服务的党。也正是在党的培养、支持和帮助下，我为广大麻风病患者做了一些工作，取得了一定的成绩，党又给了我很多荣誉和鼓励。我虽已进入耄耋之年，但愿意以党员的身份为麻风事业奋斗终身！"当年 12 月，李桓英与医院年轻的医务工作者一起庄严宣誓，正式成为中国共产党的一员。生命不息、奋斗不止，在麻风病研究的道路上，李桓英还在继续前进。

《北京青年报》2019 年 7 月 31 日

# 舆论反响

# 心有大我爱国情 护佑苍生医者心

## ——著名麻风病防治专家李桓英先进事迹引发热议

崔兴毅

中宣部近日决定，授予世界著名麻风病防治专家，首都医科大学附属北京友谊医院医生、北京热带医学研究所研究员李桓英“时代楷模”称号。连日来，李桓英毕生精力献给麻防事业的先进事迹在社会上引起热烈反响，广大医务工作者、高校师生通过多种方式，表达对她的由衷敬佩。大家纷纷表示要学习她心有大我、赤诚报国的爱国情怀和生命至上、护佑苍生的医者仁心，为守护人民群众生命健康保驾护航，为推进健康中国建设贡献力量。

李桓英说，回国不后悔、治麻风不后悔，如果不入党会后悔。在首都医科大学附属北京友谊医院党委书记辛有清看来，李桓英是具有人民情怀的公共卫生专家，她敢于面对麻风病，用科学判断麻风病不可怕，通过接触病人增强病人战胜疾病的信心，消除歧视，用人间大爱为麻风病病人和社会营造了科学战胜疾病的力量。“她更是人类健康命运共同体的实践者，把国外的先进医学知识带回祖国，她把中国防治麻风病的方案贡献给世界，为实现没有麻风的世界作出了特殊贡献。”

“在中国共产党百年华诞之际，百岁老人李桓英用她的故事给我上

1980 年 8 月，李桓英在美国麻风中心学习

了宝贵的一堂党课。麻风病严重侵蚀病人的身体和心理健康，李桓英满怀热诚，视病人为亲人，面对面接诊麻风病人。她用自己开创的短程联合化疗方法治疗病人，年复发率 0.03%，低于当时 WHO 的麻风病治疗复发率。”全国政协委员、首都儿科研究所新生儿内科副主任米荣表示，李桓英几十年如一日践行医者仁心、生命至上的誓言，用忘我的工作诠释生命的意义，挺起了民族脊梁。

人的一生如何度过才有意义？百岁党员李桓英用自己的一生去寻找答案。北京市医院管理中心基础运行处工作人员张斌斌表示，李桓英放弃了世界卫生组织的高薪聘请，舍弃家人的陪伴，毅然回到百废待兴的祖国，投身卫生健康事业，令人动容。“57 岁开始研究麻风病，常人唯恐避之不及，她却不戴口罩、不穿防护服为病人检查身体，这是科学的自信，更是对病人的真诚和满腔热情，她用一生诠释了共产党员的信仰。”

李桓英赤诚报国、护佑生命的事迹也影响着继往开来的杏林晚辈。

“她主动放弃国外优渥的生活条件，义无反顾归国奉献，并选择麻风病防治作为终身事业，这是以国家利益和人民利益为重的赤子之心，是不畏艰难、护佑苍生的医者仁心。她通过实践考察，求真务实地建立高效治疗方案和防治体系，堪称科学精神指导临床实践的经典范例。”中山大学附属第六医院结直肠肛门外科三区副主任医师秦启元表示，作为医学后来人，将以李桓英同志为榜样，尊科学济人道，为建设人类卫生健康共同体而努力奋斗。

“初心可鉴超凡风骨，热爱可抵岁月漫长。我很荣幸能在此生同这样一位优秀的医者在一个医院共同工作。健康所系性命相托，向‘时代楷模’李桓英老师学习，是我今后的目标。我一定要对得起自己的职业和祖国，努力成为一个优秀的医者。”首都医科大学附属北京友谊医院眼科护士龚妍说。

在安徽中医药大学中医内科学专业2018级硕士研究生张竣玮看来，先发大慈恻隐之心，誓愿普救含灵之苦——这种悲天悯人的情怀正体现在李桓英一次次深入“麻风寨”，与患者密切接触，并努力消除社会歧视的行动中。“新中国成立初期，卫生经济条件相对落后，李老师毅然决然回国工作，给我很大触动。如今，在祖国需要用现代科学解读中医药学原理，更好推进中西医结合时，作为一名中医学子，更要努力奉献自己的青春，把中医发扬光大。我将全力以赴，哪怕是一辈子。”

《光明日报》2021年9月2日

# 向李桓英同志学习

饶海棚

近日，中共中央宣传部授予李桓英“时代楷模”称号，号召广大党员干部以英雄模范为榜样，认真学习贯彻习近平总书记“七一”重要讲话精神，更加紧密地团结在以习近平同志为核心的党中央周围，立足两个大局，心怀“国之大者”，大力弘扬伟大建党精神，从中国共产党人的精神谱系中汲取前行的智慧和力量，在新时代新征程上真抓实干、埋头苦干，继续为实现人民对美好生活的向往不懈努力，为党和人民争取更大光荣。

学习李桓英同志对党忠诚、热爱祖国、心系人民。20 世纪 50 年代初，为了新中国的卫生健康事业，李桓英舍弃国外优厚条件，选择归国报效国家。回国后，投身到麻风病防治工作中，她推广的短程联合化疗方法救治了无数的麻风病患者，她提出的麻风病垂直防治与基层防治网相结合的模式，被称为全球最佳的治疗行动，为我国乃至世界麻风病防治工作作出了巨大贡献。经过以李桓英为代表的医学家们多年来不断努力，在中国彻底消灭了麻风病。新时代下的党员干部，要学习李桓英同志的英雄事迹，学习她为国为民的情怀，做到立足本职工作，热爱党和祖国，心系人民群众，在平凡的工作岗位上作出不平凡的贡献。

学习李桓英同志尊重规律、坚守科学、勇于创新。李桓英尊重科学规律、坚守科学认知、勇于探索创新，长期以来，面对面接触麻风病人，严谨细致开展临床试验，科学稳妥进行治疗研究。经过探索，她研究出的短程联合化疗方法在云南勐腊县试点取得成功，并被世卫组织在全球推广。科学研究是一项长期而严谨的工程，科研成果的取得离不开科学家数十年如一日的孜孜不倦、锲而不舍、精益求精。在工作中，广大党员干部也应该具有科研思维，遇到纷繁复杂的难题时，不要总是想着“我不会”，而是要运用科学的方法，以钉钉子的精神，锲而不舍将难题一个个解决，从而达到锤炼自身能力、提高履职能力的目的。

学习李桓英同志医者仁心、求真务实、勇于攀登。李桓英视病人如亲人，连续10多年亲自深入麻风地区，对接受治疗的病人进行观察研究，极力支持对麻风病人实行院外规则治疗，在治疗中正常就业、就学，使患者过上正常人的生活。她引进国际先进技术并多次请国际专家授课，培养了大批麻风病防治骨干。她求真务实、坚持真理，攀登上一个个高峰，创造出一个个新的成绩。“世上无难事，只要肯登攀。”在工作中，广大党员干部要做到咬定青山不放松，脚踏实地加油干，坚持求真务实的作风，树牢以人民为中心的发展理念，把实现好、维护好、发展好最广大人民根本利益落到实处，敢于登攀高峰，敢于创造新的成绩。

向英雄模范学习，学的是英雄爱党爱国、务实为民的情怀，学的是求真务实、勇攀高峰的作风。广大党员干部要以习近平新时代中国特色社会主义思想为指导，深入学习领会习近平总书记“七一”重要讲话精神，大力弘扬伟大建党精神，心怀“国之大者”，厚植为民情怀，在新时代展示新担当、新作为、新奉献。

中视网 2021 年 8 月 24 日

# 神经内科党支部开展<br>李桓英同志先进事迹学习活动

近日中共中央宣传部授予李桓英“时代楷模”称号，集中宣传发布她的先进事迹。

北京朝阳医院神经内科党支部通过多种形式组织开展学习活动，教育引导广大党员干部职工以李桓英同志为榜样，爱岗敬业、忠于职守、无私奉献。

2021 年神经内科新入职的两名党员同志陈观群和周祁惠，分别从各自的角度，分享了学习李桓英同志先进事迹的心得体会。

## 从前辈李桓英同志身上汲取精神力量

学习完李桓英同志的先进事迹，感触颇多。

一是我们要学习李桓英同志的殷殷家国情怀与拳拳赤子之心。在新中国成立初期，也在祖国最需要人才的时候，李桓英同志放弃国外优渥条件，毅然选择回国，投身于伟大的麻风病防治事业之中。李桓英同志以实际行动告诉我们：只有把自己的事业同祖国、同人民紧密联系在一起才能大有作为。

1990 年 4 月 16 日，李桓英参加勐腊县“麻风村”摘帽更名大会

二是我们要学习李桓英同志一切从实际出发的探究精神。李桓英同志之所以献身于麻风病防治事业并不是基于文献报道，而是真真切切感到麻风病在当时对中国老百姓是一个危害不小且有损人格尊严的疾病，是亟须解决的一大医学难题。为此，李桓英同志开展全国性的调查和临床试验，经过长达 15 年的坚持，提出了开创性的治疗方案，为我国乃至世界麻风病防治工作作出了突出贡献。

这种研究问题始于实际，研究成果回归实际，一切从实际出发的研究精神值得我们青年医生认真学习。

三是我们要学习李桓英同志的人文精神。李桓英同志一生奋斗在云贵川贫困边远地区，她关心、爱护麻风病患者，与他们握手、同吃。李桓英同志这种视病人如亲人的人文精神值得我们青年医师学习。

总结起来，李桓英同志用自己的才学解决了一个中国甚至世界最实际的问题。李桓英同志的先进事迹永远值得我们青年医师学习！

——神经内科党支部陈观群

## 李桓英同志先进典型事迹读后感

医者仁心，护佑苍生。

今天读了李桓英同志的先进事迹后，我十分动容。李桓英同志的事迹中所表现出的“时代楷模”精神和坚定的信仰值得我们学习。

是什么让李桓英能有如此大的信念？

我想这就是她作为共产党人的初心和使命，只有坚守初心，才能让李桓英同志始终坚守在工作岗位上，全心全意为患者和中国麻风事业服务和奋斗。

什么是共产党人的初心和使命？

习近平总书记开宗明义，强调了共产党人的初心和使命“为中国人民谋幸福，为中华民族谋复兴”。作为医务工作者的李桓英同志，她的初心和使命，我以为是对医学技术的精益求精和对患者的认真负责。在中国医学发展技术匮乏和人才紧缺的时代背景下，李桓英同志毅然决然地放弃国外优越的条件，回归祖国，为国家的麻风诊疗事业奔波，几十年如一日，终身奉献，为国家、为人民、为患者呕心沥血，彰显了她对党和人民的事业忠贞不渝。

李桓英同志从国外回国、从群众到党员的经历给了我极大的启发与鼓舞。作为刚入职的一线医务工作者，作为一名共产党员，我以李桓英同志为榜样，学习她敬业爱岗的精神，学习她对技术的刻苦钻研，学习她对患者的无微不至。同时，我也要以一名党员的高标准要求自己，在工作中磨炼、拼搏和奉献，牢记学医的初心和使命，为医疗事业贡献自己的力量。

——神经内科党支部周祁惠

北京朝阳医院网站 2021 年 8 月 27 日，李淑娟整理

# 无惧征程艰难多
# 唯愿此生报祖国

## ——学习“时代楷模”李桓英

黄海萍

“医者有仁心，慈悲济世人。悬壶轻己利，德品胜黄金。”寥寥20字，道尽“时代楷模”李桓英毕生所求。1946年，从上海同济大学毕业后，李桓英前往美国攻读细菌与公共卫生硕士，4年后，29岁的她成了世界卫生组织的首批官员。

“无惧征程艰难多，唯愿此生报祖国！”李桓英拒绝世卫组织续聘申请，瞒着已经移民美国的父母和4个弟弟妹妹，只身一人绕道伦敦，几经周折，回到祖国的那一年，她37岁。回到阔别已久的故都，她立刻投入了梅毒螺旋体制动试验、麻风抗原检测研究。

有人问她，为什么选择回国？

李桓英回答，我是中国人，我在北京出生，我不忘本，我应该回，回家正当其时。我要把我最好的年华，奉献给祖国。

实验室设备简陋，李桓英就用土法提取麻风菌脂质抗原（PGL）。在自己身上一次又一次地做试验，至今，她双臂上还留有清晰可见的疤痕。

1970年，李桓英来到江苏省的一个“麻风村”考察，在这里，她第一次见到麻风病人。中国曾是全球公认的麻风病流行最为严重的国家之一，自古以来，麻风病患者往往被视为魔鬼，不仅很少被救治，还会被赶到一个封闭的地方自生自灭，有些病人甚至被活活烧死或者活埋。直到新中国成立时，全国还有 52 万同胞饱受麻风病的折磨。

1979 年，58 岁的李桓英再踏征途，以第一批访问学者的身份出国考察麻风病的防治方法。从此，她将全部精力奉献给麻风病的防治和研究工作。为了获得第一手资料，李桓英只身前往云南省勐腊县罗索河对岸的“麻风村”。

当时的西双版纳 3 个县，分布着大大小小十几个“麻风寨”。过去，由于缺乏特效药物，以及社会对麻风病的恐惧、歧视和偏见，麻风病人忍受着肉体和精神上的双重折磨。

为了拉近与麻风患者的感情，李桓英没有穿戴任何防护衣服和面具，走家串户给病人做检查，甚至与病人见面时总是握手、拥抱、拍肩膀。

由于长期的疾病折磨和远离人群，寨子里的人们对治疗缺乏信心，甚至自暴自弃，把送来的药丢进水塘里。

1986 年，李桓英将争取到的国际援助 15 辆汽车全部分送到云贵川 3 省的基层麻防单位

李桓英听闻，十分着急，亲自上门送药，口渴了舀起病人家的水仰头就喝，饭捧起就吃。时间一长，寨子里的村民都传：“村寨来了个女医生，不怕麻风！”

“我们做医生的是没有恐惧的，我走遍世界，恐惧对我不是个事儿。我甚至巴不得自己被传染上——让你们亲眼看看我能治好它！”

李桓英还会教麻风病人穿鞋。毫不避忌地将手伸进病人刚脱下来的脏鞋，“摸摸有没有沙子和钉子，再穿上”。麻风病人手脚是麻木的，甚至端滚烫的火盆都感觉不出烫手。李桓英不怕脏，就是为了教给他们防止皮肤破损溃烂的自我防护方法。

为了我国麻风病防治事业，高龄的李桓英长期奔波在云贵川贫困边远地区，她用自己的行动来消除大家对麻风病的歧视，不断向人们证明：麻风病是可治之症，麻风病人并不可怕。

深入“麻风寨”时，发生了意外，汽车滚下山去，李桓英从汽车里飞了出来，肋骨裂了 3 根。危险和伤痛都没能停滞她救治的脚步，7 个地州 59 个县，几乎每一个村寨都留下了李桓英的足迹。

1994 年，在中国试验成功的短程联合化疗方法开始向全世界推广。1996 年，李桓英又率先在国内开展消除麻风运动，首次提出了麻风病垂直防治与基层防治网相结合的模式，这个方法被称为全球最佳的治疗行动。2007 年，中国向世界宣布，在经过 50 多年的努力后，中国终于终结了麻风病时代。

因为在麻风病防治领域作出的突出贡献，李桓英曾获得国家科技进步奖一等奖、全国五一劳动奖章、全国医德楷模等荣誉。2016 年 9 月，第十九届国际麻风大会在北京召开，李桓英荣获首届中国麻风病防治终身成就奖。

“回国不后悔，一辈子跟麻风病打交道也不后悔，但不入党会后悔。”初心易得，始终难守。当初掷地有声的承诺，至今已逾甲子，却仍历久弥新，熠熠生辉。

在为消除麻风病而夙兴夜寐的李桓英心里，入党这个心愿，她惦记了 60 年，“人的生命是有限的，如果去世后，身上不能披上一面党旗，那会遗憾的。”

2016 年 12 月，95 岁高龄的李桓英在党旗下举起右拳庄严宣誓。在一群年轻的新党员中间，肃立其中的鹤发红颜尤为醒目。老人眼含泪花、神情坚定，这位为我国卫生事业奉献了近60年的耄耋老人终于得偿夙愿。老当益壮，不移白首之心。“入党和做研究一样，都是追求真理。服务了快60年，我觉得自己现在可能合格了。但还不能放松，还要继续奋斗。”彼时已是世界著名麻风病防治专家的李桓英说道。

中共中央宣传部在2021年8月20日以云发布的方式，向全社会宣传发布李桓英同志的先进事迹，授予她“时代楷模”称号。悬壶济世六十载，慈航祛病佑苍生。除却君身三尺雪，天下谁人配白衣。

南宁市纪检监察网 2021年9月2日

# 评论观点

# 以无私大爱诠释医者仁心

邹　翔

【人物】

麻风病防治专家李桓英

【故事】

李桓英，1921 年 8 月生于北京，中共党员，首都医科大学附属北京友谊医院医生、北京热带医学研究所研究员。20 世纪 50 年代初，她曾在世界卫生组织工作 7 年，为了新中国的卫生健康事业，她主动舍弃国外优厚条件，毅然回国投身麻风病防治工作。她推广的短程联合化疗方法救治了数以万计的麻风病患者，提出的垂直防治与基层防治网相结合的模式，被称为麻风病全球最佳的治疗行动，为我国乃至世界麻风病防治工作作出了突出贡献。李桓英曾荣获国家科技进步奖一等奖、首届中国麻风病防治终身成就奖等，前不久，中共中央宣传部授予她“时代楷模”称号。

【点评】

29 岁成为世界卫生组织首批官员，37 岁辗转多地回到祖国，57 岁投入麻风病防治工作，95 岁光荣地成为一名中国共产党党员，期颐之年仍然心系麻风病防治事业……不久前度过百岁生日的李桓英，把毕生精力奉献给麻风病的防治和研究工作，为实现没有麻风的世界而奋斗的脚步从未停歇。

“当医生不能怕！这就好像战士都知道子弹厉害，上了战场不照样往前冲？”在一段时期里，就连一些医务工作者也对麻风病患者绕道而行，但李桓英从不畏惧。为消除病人的顾虑，李桓英始终与他们近距离接触：病人家的水她仰头就喝，饭捧起就吃；病人试探着同她握手，她就拉着长时间不松……“让麻风病人都能够有尊严地活着”，李桓英的信念始终如一。

“夫医者，非仁爱之士不可托也”。40多年来，李桓英跑遍云贵川3省7个地州59个县，每一个有麻风病患者的地方都有她的足迹。一些村几乎没有路可走，她就坐索道过去；多次遇险，两侧锁骨和肋骨都摔断过，她却笑着面对；设备简陋，她甚至在自己身上做实验，直到现在双臂上还有两个清晰的疤痕。经过努力，李桓英成功将多菌型麻风病患者的治疗时间平均缩短了三年半。李桓英对患者的关爱不仅体现在治好他们的病痛上，更体现在如同亲人一般时刻给予他们温暖，为他们寻求最佳治疗方案。她以无私大爱诠释了医者仁心。

树高千尺有根，水流万里有源。爱国，是李桓英的立德之源、立功之本。被问到为什么选择回国，她总是坚定地回答“因为我是中国人，祖国是我的根，我决不能忘本”“我要把学会的知识为祖国和人民服务”。无惧征程艰难多，丹心从来系家国。从李四光、钱学森、钱三强、邓稼先等一大批老一辈科学家，到陈景润、黄大年、南仁东等一大批新中国成立后成长起来的杰出科学家，爱国科学家们炽热而深沉的家国情怀，永远是我们前进道路上宝贵的精神滋养。

李桓英虽然没有儿女，却是很多麻风病患者的“李妈妈”。她曾经倾注无数心血的云南曼喃醒村，已顺利脱贫，一幢幢漂亮的傣族小楼鳞次栉比，村民脸上满是笑容和希望。“麻风病的历史，在我们这一代该终结了！”如今，百岁高龄的李桓英依然在用自己的实际行动，激励年青一代医务工作者、科技工作者克服艰难险阻、加快创新脚步，肩负起党和人民的重托。

《人民日报》2021 年 9 月 3 日

# 大医精诚　医者仁心

子　枫

大医精诚，医者仁心。李桓英将毕生心血倾注于麻风病防治事业，可歌可泣，令人景仰。

大爱成就大医。李桓英数十年如一日，默默坚守在公共卫生领域，用生命诠释了大爱无疆的职业精神，推动了全球麻风病防治的进程，成为积极响应构建人类卫生健康共同体的实践者。

医者大爱，源于对祖国的热爱。新中国成立不久，国家建设急需人才。李桓英主动放弃国外的优厚待遇，毅然回到祖国怀抱，将事业的根牢牢扎在祖国大地上，解决了麻风病的治疗难题，解除了麻风病患者的疾苦，体现了心有大我、赤诚报国的情怀。

医者大爱，源于对生命的敬畏。李桓英坚持人民至上、生命至上，是时刻把患者的冷暖放在心头的公共卫生专家。面对麻风病人，她深怀悲悯之心，主动接触病人，消除社会歧视，树立了用科学战胜疾病的信心。她敢为人先，勇于创新，不断优化治疗方案，使数以万计的麻风病人重获新生，彰显了用大爱护佑苍生的医者仁心。

医者大爱，源于对人类共同命运的关切。麻风病是一种全球流行的传染病，严重威胁着人类的生命健康。疾病无国界，大爱无疆界。

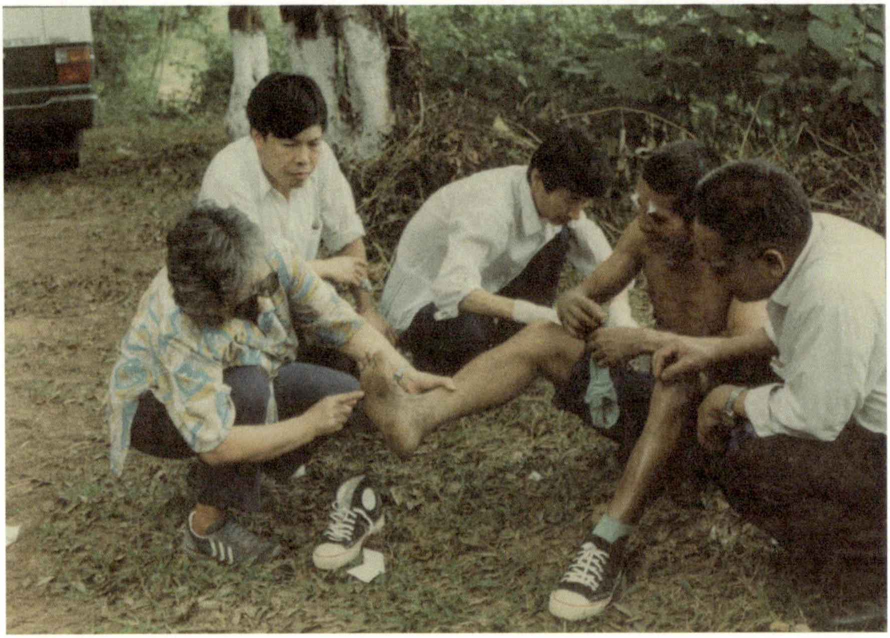

李桓英在“麻风村”为病人检查身体

李桓英感恩社会、从无私心，不仅把国外的先进医学知识带回祖国，更把中国麻风病防治方案贡献给世界。她选用的短程联合化疗方案得到世界卫生组织的认可并在全球推广，为人类早日消灭麻风作出积极贡献，用实际行动践行了敬佑生命、救死扶伤、甘于奉献、大爱无疆的新时代医疗卫生职业精神。

《人民日报》2021 年 8 月 20 日

# 毕生坚守彰显医者仁心

侠　克

生命不息，奋斗不止。已经百岁高龄的世界著名麻风病防治专家，首都医科大学附属北京友谊医院医生李桓英的事迹令人动容。

她心有大我，有着一腔赤诚报国的爱国情怀。青年李桓英有诸多光环荣誉加身，无论祖国是晴空万里，还是风雨交加，都无法动摇她报效祖国的决心。她婉拒了世卫组织的续约邀请，毅然回国参与新中国建设，将毕生精力献给麻风病研究，使疯狂肆虐数千年的麻风病成为可控、可治的普通疾病，防治经验在全球推广。

她坚持生命至上，心怀护佑苍生的医者仁心。麻风病过去是可致残的“不治之症”，不但给患者带来极大的痛苦，还给社会带来莫大的恐慌。李桓英直面病魔，直接接触病人，用人间大爱提升患者战胜疾病的信心。

她求真务实，大胆创新，勇攀高峰。为了寻求更好的麻风病治疗方法，这位爱国医生将国外治疗方法与中国实际相结合，又将中国防治麻风病的方案贡献给世界，为全世界麻风病防治工作作出了突出贡献，践行着人类健康命运共同体理念。

面对党和人民赋予的使命，这位百岁老人始终深感责任重大，不懈奋斗的脚步也从未停下。

处在“两个一百年”的历史交汇点，每一位中华儿女都应将个人奋斗融入国家和民族的大潮中，把个人命运与国家和民族命运紧密相连。在实现中华民族伟大复兴中国梦的征程上，需要一代代人以热血澎湃的强国之志、报国之心接力奋斗，凝聚磅礴的中国力量。

新华社北京2021年8月19日电

# 她，标注了医者仁心的精神坐标

崔兴毅

那时，旁人谈“麻”色变，李桓英却勇往直前，是少有的敢与麻风病人零距离接触的医学专家。下乡不叫苦，翻车不叫苦，生活从不搞特殊，李桓英用一生的奉献诠释了“我的生活就是适应国家的需要”，百岁依然坚持工作，感觉自己“活了两辈子”。

李桓英在58岁接近退休的年华，接到了新任务，以第一批访问学者的身份出国考察麻风病的防治方法。在思想守旧的年代，她突破精神枷锁，不畏麻风病魔，与病人面对面交流，克服路途艰险，坚持一线调研，解救了成千上万遭受麻风病折磨的患者。

几十年过去，如今，她已是一位百岁老人。但在与麻风病的这场无硝烟的战斗中，她依旧坚守奋战在最前线，坚持麻风的宣传、现场调查研究，为的就是早日让全世界彻底消灭麻风病。孑然一身的她，把毕生的精力献给了麻防事业，取得了常人难以超越的成绩。

入党时，李桓英说：“我觉得自己现在可能合格了，但还不能放松，还要继续奋斗。”敬佑生命方能救死扶伤，甘于奉献方能大爱无疆。李桓英，与党和国家同行，与人民为伴，坚守医者初心、永恒探索、无私奉献，书写了敬佑生命的动人篇章，标注了医者仁心的精神坐标。

《光明日报》2021年8月20日

# 心怀大爱者永远年轻

代小佩

李桓英今年 100 岁了。说她年轻，与岁数无关，是因为她散发出的蓬勃朝气。为什么说李桓英有一股青春气息？或许可以从她的人生轨迹中找到答案。

不懈奋斗定格住年轻身影。李桓英 29 岁时在世界卫生组织任职，为贫穷落后地区防治疾病付出艰苦努力；58 岁起她把全部精力献给中国麻风病防治事业；60 多岁时她和团队治愈了云南勐腊县“麻风寨”的所有患者；98 岁时她说：“我要干到 100 岁！”正是怀着拼搏的精神，李桓英才能降伏麻风病，为中国乃至全世界患者带来福音。尽管弯了腰、白了头，但她奋斗的身影依然充满力量，给人温暖和希望。她用实际言行告诉后来人，只要怀着对事业的热爱奋斗不息，就会永远年轻。

积极乐观滋养着年轻心灵。对李桓英来说，内心的充盈欢喜足以抵御外界的雨雪风霜，提高生命的质量。她的生活简单朴素，一个苹果、一杯牛奶就是最中意的早餐；她从不害怕困难，很多人眼中的“不治之症”麻风病，在她看来一定可以战胜；她不在乎个人安危，敢于和麻风病人零距离接触，甚至在自己的皮肤上试验麻风抗原。放弃国外优渥的环境，选择艰苦卓绝的事业，李桓英从未后悔和抱怨，因为困难中蕴藏着乐观，更是因为她坚信，自己经受的苦难必能化作麻风病患者幸福的生活。

1990 年 4 月 16 日，李桓英穿傣族服装与治愈者在一起

锐意创新激发出年轻活力。20 世纪 80 年代，麻风病患者通常需要六七年才能治愈，而很多人无力长期服药。经过研究，李桓英决定将治疗时间缩短为两年，这种短期疗法被证明有效，继而被推广至全球。消除麻风病的愿景激励李桓英不断创新，她发起了消灭麻风病的特别行动计划，创造性地提出麻风病垂直防治与基层防治网相结合的模式，积极开展麻风病早期诊断、耐药基因检测和分子流行病学研究。时间流逝，她行动变得迟缓，思维之花却日益绚烂。医者仁心，大爱无疆，她心系患者，也因此始终走在麻风病研究最前沿。

谈及为何 95 岁时才入党，李桓英说自己以前不够资格。但回首来时路，她的身上处处闪耀着共产党员的光辉品质，她早已把小我融入大我中，与时代共进步，与人民同呼吸，与祖国共成长。正因如此，期颐之年的李桓英，依然年轻！

《科技日报》2021 年 8 月 20 日

# 百年风华“大医生”

京　平

愿将此生报祖国，何惧征程艰难多。与党同龄的世界著名麻风病防治专家李桓英，以数十年如一日的奋斗，让昔日的“不治之症”最终可防可控，充分诠释了自己作为党员的承诺——“不使党失望，我要为人民多做点事。”

光阴荏苒，初心如一。学有所成时毅然归国，婉拒优渥条件、甘愿从头开始的抉择中，洋溢着心有大我、赤诚报国的爱国热忱；科研攻坚时求真务实，深入麻风病区、不惜自我实验的牺牲中，闪耀着护佑苍生、勇于攀登的医者仁心；事业有成时真诚分享，走上世界舞台、传播中国智慧的行动中，表达着命运与共、守望相助的人文情怀……可以说，在这位“大医生”身上，集中彰显着信仰之坚定、对党之忠诚、爱国之至诚、为民之赤诚、干事之笃实，生动展现了共产党人把理想信念化为行动力量的政治品格和先锋形象。

好的榜样，是最好的引导；好的楷模，是最好的说服。致敬李老，是礼赞一种高尚品德，更是张扬一种医者精神。医疗卫生事业关系亿万国民的安康，是国家尤为关切的大事。历经多年发展，我国医疗卫生事业获得长足发展，但仍然面临多重疾病威胁并存、多种健康影响因素交织的复杂局面。突如其来的新冠肺炎疫情，更是让人深感悠悠民生，健康最大。这样的时代背景下，呼唤更多医务工作者向李老学习，就是在不断壮大健康中国建设的主力军；引导全社会尊重医护人员，就是尊重生命，就是守护幸福生活。

每个人的人生，都与家国命运紧紧相连，时代楷模承载的奋斗精神感动着我们，也鼓舞着我们。新时代风云际会，“梦工厂”大有可为，每个人都从楷模身上汲取力量，以奋进者的姿态向上向善，一定能够成就“大写”的人生。

《北京日报》2021 年 8 月 20 日

# 文学故事

# 不悔抉择彰显华侨爱国情怀

李桓英 1921 年 8 月出生于北京，童年时候，她曾跟随父母在德国柏林生活，看到了西方医学的迅猛发展。1945 年，在战争中的大后方艰苦学医 6 年的李桓英以优异的成绩毕业于上海同济大学医学院。1946 年前往美国约翰斯 · 霍普金斯大学攻读细菌学和公共卫生学硕士学位，毕业后留校任微生物学系助理研究员。

1950 年世界卫生组织成立，李桓英被美国约翰斯 · 霍普金斯大学推荐成为世卫组织首批官员。任职 7 年间，她被派往亚洲、美洲等许多国家，为防治性病和雅司等疾病在贫穷落后地区的蔓延作出了艰苦努力，受到世界卫生组织的好评。那时李桓英拥有中、美两国两个知名学府的学习经历，还有联合国工作的重要经历，这样的人生轨迹，对任何青年人来讲可谓走上了人生巅峰。但对于李桓英来讲，这却更像是今后人生道路的一个铺垫。当时，李桓英的全家已移居美国，父母兄弟都希望她留在美国。然而，面对富裕的生活和祖国的需要，她在自己的人生道路上作出了重大的选择。

1957 年，在李桓英为世界卫生组织工作 7 年期满时，世界卫生组织主动提出与她续签合同，期约 5 年。然而，此时的李桓英内心早已偏向多年未亲近的祖国，她知道新中国成立不久，百废待兴，国家在大力搞建设，亟须海外学子的归来和支持。曾走访许多国家的李桓英，看到亚非不少国家由于贫穷而导致疾病蔓延，深感新中国更需要自己。1957 年，她婉言谢绝了世界卫生组织续签 5 年合同的邀请，瞒着家人，只身一人绕道伦敦，几经周折，于 1958 年从莫斯科回到了祖国。这一年她 37 岁。从此，在之后的漫长岁月中，祖国无论是晴空万里，还是风雨交加，她都无悔当初的选择，无数次的亲情召唤都不能改变她报效祖国的决心。

# 坚韧执着奠定科学大家典范

麻风病这个古老的疾病已有3000多年的历史，它是由麻风杆菌引起的一种慢性传染病，主要侵犯皮肤和周围神经，历来是备受歧视的、致残的“不治之症”。患了麻风病的人，有的脸部毁容，手脚畸形。过去由于没有治疗麻风病的有效药物，最人道的处理是把他们赶到一个偏僻的地方，让其自生自火。20世纪40年代虽然有氨苯砜问世，但麻风病的治疗在世界上都没有得到解决。1970年，在中国医学科学院皮肤病研究所工作的李桓英，被下放到江苏省的一个“麻风村”，在那里李桓英第一次见到了麻风病患者。从那时起李桓英立志要攻克麻风病。1978年改革开放后，李桓英被调到北京友谊医院热带医学研究所，从此，她将全部精力贡献给麻风病的防治和研究工作。

20世纪70年代末，已年近花甲的李桓英了解到，世界卫生组织正在研究一种联合化疗治疗麻风病的新方法，药物配方已经完成，但是缺乏临床试验。为了争取到世界卫生组织免费的药品支持和实验项目，李桓英开始在全国范围进行走访调查。在李桓英的办公室有一张云贵川交通图，上面插了20多面三角旗，那是她的足迹所到之处。西双版纳勐腊县3个麻风寨，被李桓英选定作为治疗的试点。给麻风病患者看病的时候李桓英不仅不穿隔离衣，还和他们握手拥抱，她与麻风病患者之间的亲密接触，正是为了消除病人的恐惧心理。

1982 年，李桓英向世界卫生组织递交了一份关于中国麻风病情况的详细报告，世界卫生组织批准了在中国进行联合化疗方法的实验项目。为了能够验证疗效，她建立两个联合化疗的实验点做临床试验及对照，根据我国麻风治疗标准，每年和基层麻风防治工作者一起仔细调研，前 5 年按月观察之后每年调查 1 次，前后达 15 年之久，进行多年的观察研究。

每当想起麻风病人在承受疾病与歧视的双重折磨而痛苦凄凉的生活，她都会产生深深的同情，从而也更加坚定了她选择为最广大人民服务的决心。为了寻求更好的治疗方法，李桓英敢于解放思想、开拓创新，她将国外先进的治疗方法与中国实际相结合，率先开展了服药 24 个月就停药的短程联合化疗并推广到云贵川麻风病高发区的 7 个地州 59 个县，解决了麻风病的治疗难题，为数以万计的麻风病人解除了疾苦。使全国的麻风病人从原来的 11 万人下降到不足万人，而且年复发率仅为 0.03%，大大低于国际组织年复发率小于 1% 的标准，为我国乃至世界麻风病防治工作作出了突出贡献。此举证明无须住院隔离治疗，解决了麻风病的治疗难题，对消除社会歧视起到了积极作用，1994 年被 WHO 在全球推广。1996 年，她又率先在国内开展消除麻风运动，首次提出了麻风病垂直防治与基层防治网相结合的模式，被称为全球最佳的治疗行动，促进了麻风病的早发现、早治疗。

# 创新担当不愧当代医生榜样

1983年年初，李桓英带着申请来的免费药品来到了云南省勐腊县的“麻风寨”。每天早上6点，李桓英走10公里的山路，经过一条河进入“麻风寨”，她到每一个病人的家里，去劝说他们服药。中午，李桓英总是会留下来，在病人家里吃饭。

“麻风寨”地处偏僻，山高路险，在这样的路上李桓英难免遇到危险。李桓英先后遇到2次翻车，3根肋骨骨折，两侧锁骨断裂，但这些并没有让她退缩，她始终保持乐观的心态。这时的李桓英已经是一位年近七旬的老人，陪她下乡的工作人员总是想照顾她，她每次都会固执地拒绝。

在李桓英的调研中，像这样的麻风村寨还有很多，大多山高路险，地处偏僻，而她却不知疲倦地做了几十年。每次李桓英到一个村寨的时候，都会引来村寨里村民的一片惊奇：村寨来了个女医生，不怕麻风！她渴了就舀起病人家的水仰头就喝，饭捧起就吃。病人试探着同她握手，她便拉着他们的手长时间不放。见到老病号，她总是亲切地拍拍病人肩膀，拥抱着问个好，让病人感动得不行。

治疗麻风她从来都是面对面接触，没有畏惧。“我就不怕，医生不能怕！这就好像战士都知道子弹厉害，上了战场不照样往前冲？麻风菌可没有子弹厉害！”李桓英曾这样说，“我甚至巴不得自己被传染上——让你们亲眼看我能治好它！”她还会教麻风病人穿鞋。“早晨和晚上，你们要这样。”手一下子伸进病人刚脱下来的脏鞋，“摸摸有没有沙子和钉子，再穿上。”麻风病人手脚是麻木的，甚至端滚烫的火盆都感觉不出烫手。李桓英不怕脏，就是为了教给他们防止皮肤破损溃烂自我防护的方法。她曾在勐腊遭遇坐独木舟过河翻船的经历，被湿漉漉地捞上岸却仰天大笑：“我胖得像个皮球，哪里沉得下去？”她曾 2 次遭遇翻车，最严重的时候被翻滚的汽车从前窗挡风玻璃甩出去 10 多米，躺在覆盖着厚厚白雪的山坡上昏了过去，听到连车带人滚下坡底的同志们从车中爬出来连声呼喊她，她才反应“我在这里”，李桓英爬不起来，心想骨折了，歪头一看，雪地上还有一大片血迹。这次事故导致李桓英 3 根肋骨骨裂，双侧锁骨骨折，头部还负伤缝过 7 针，她却还开着玩笑说：“按我坐车的概率，也该翻了！”

李桓英所用的药物，当时在国际上通常需要六七年时间才能治愈患者，而很多病人无力长期服药。李桓英经过研究，决定将治疗时间缩短为两年，这种短期疗法在国际上尚无先例。服药的初期阶段，病人脸色发紫，有人开始怀疑李桓英的治疗方案，但 15 个月后她拿出了有力证据。

勐腊县委原副书记刀建新，在 1950 年被发现感染上了麻风病，为此他失去了工作，妻子和孩子也离开了他。1983 年，李桓英带着治疗麻风病的药物来到“麻风寨”，在这里住了 30 多年的刀建新第一次看到了希望。两年后，刀建新和其他病人一起被治愈，后来他又组建起了一个幸福的家庭。

经过两年时间的治疗，云南省勐腊县的麻风病患者被全部治愈，1990 年的泼水节，他们摘掉了“麻风寨”的帽子，作为一个行政村被正式划入勐仑镇，李桓英为它取名“曼喃醒”，意思为“新生的山寨”。这一天，李桓英和人们一起跳起了傣族舞蹈。

现在曼喃醒村的村民通过贷款种起了橡胶树，生活渐渐富裕起来，附近其他村寨的孩子也来一起读书，原来受歧视的“麻风寨”孩子有了新伙伴。

2007 年，热研所接诊了一位来自河南、安徽两省交界处的 24 岁麻风病患者小马。医务人员经过认真查体、询问病史并对其家庭内 14 名接触者的全面检查后发现，小马生长在一个麻风病高发家庭，家里有 5 人患麻风病。由于延误治疗长达 10 余年，病情已造成家中多名患者发生爪形手、垂足等不可逆畸残。小马曾是这个家庭的主要劳动力，如今却成了家庭成员中病情最重的患者。家人得知李桓英在防治麻风病方面的事迹后，便和小马慕名来到热研所求助。为了解除病人疾苦，防止畸残发生，热研所在李桓英的带领下无条件地接收了这一家 5 位患者在京的免费治疗。经过两年的治疗，他们的麻风病已基本治愈。

尽管联合化疗十分有效，但留在小马身上的后遗症还是没有根治。由于误诊多年，麻风病外周神经损害造成了小马左足垂足，这种不可逆损害的不良后果仍在继续，他左足底溃疡呈隐匿性、进行性发展。李桓英获悉该情况后，多次询问、关心，并责成工作人员多方联系，力求保住小马的劳动能力，减少畸残的发生。医生曾多次叮嘱小马要制动、坚持换药并保持溃疡清洁，但由于全家靠捡废品、开“摩的”谋生，生活、居住条件十分有限，他不能完全按医嘱执行。一次复诊中，李桓英看到小马的脚已溃破感染，并得知他们一家租住在平房的生活十分拮据。86 岁的她既着急又心疼，立即拿出随身携带的 1000 元钱，作为生活补助捐给他们，并将自己的拐杖送给小马，教他如何进行自我保护。在李桓英的带动下，大家想方设法，在麻风节为患者发放慰问金、购买患者所需的拐杖，部分缓解了垂足、溃疡造成的损害，

李桓英与云南当地人民合影

在一定程度上改善了患者一家的生活状况。热研所所长助理谷俊朝多次与医务处、疾控处协调骨科及外科门诊，帮助病人按时换药，促使其早日愈合。麻风室的医务人员也多次与患者所在地河南麻风病院和中国疾病预防与控制中心麻风病控制中心联系，邀请在麻风畸残康复手术方面具有丰富经验的常德市皮肤病性病防治所徐超广主治医师会诊。徐医师与北京友谊医院骨科副主任郭艾、副主任医师李强，经过缜密研究，讨论处理方案，决定由徐超广主治医师对患者进行扩创及死骨摘除术，并将患者转到常德市皮肤病性病防治所住院。为确保患者在转运过程中的医疗安全，热研所还特派专人专程陪同患者和家属前往，并承担了患者转运所需的交通、住院、手术以及家属必要的生活补助费用。

经过北京热带医学研究所和常德市皮肤病性病防治所的共同努力，小马的清创和摘除溃疡死骨手术获得了满意效果，改善了生存机能。不久之后，小马开始了二期垂足矫正手术及假肢佩戴安装，大大提高了生活质量。

# 宽厚仁爱堪称公民道德楷模

李桓英一生孑然一身，把毕生的精力都献给了麻风病防治事业。她把荣誉和金钱看得很轻，把人民的健康看得比自己的生命还重，充分体现了一位爱国知识分子的高尚情操。

为了我国麻风病防治事业，高龄的李桓英长期奔波在云贵川贫困边远地区，7个地州59个县，几乎每一个村寨都留下了她的足迹。在深入麻风病区的途中，由于山高路险，道路崎岖，李桓英曾经4次遇险，2次翻车、2次翻船，两侧锁骨和肋骨都摔断过。1989年李桓英去四川西昌，汽车翻越雪山时突然打着滚掉进了十几米深的山沟里，等李桓英苏醒过来，只见皑皑白雪上留下了一大片殷红的鲜血。那一次她的两侧锁骨和3根肋骨都骨折了，头部外伤缝了7针，人们都劝她好好休养，但她忘却了疼痛，缠着厚厚的绷带、打着石膏就继续投入了新的工作。艰苦与危险没有阻断李桓英继续前进的脚步，面对艰险，她从没有过丝毫犹豫与退缩，依然义无反顾地奔波在麻风病防治工作的第一线。李桓英豪爽地说：“要想搞事业，就别怕付出。若要计较，就什么也干不成。”

正是出于对我国在麻风病防治工作这一领域作出的成就和贡献的肯

定，第十五届国际麻风大会决定在北京召开，在这次具有纪念现代麻风防治 100 周年特别意义的大会期间，李桓英被推选担任本次大会的轮值执行主席。会上，作为我国著名麻防专家同时身兼世界卫生组织第七届麻风病专家委员会 8 位专家之一的李桓英，作了《在云南实施麻风病防治特别行动计划的报告》，博得了与会 1000 多名中外专家长时间的热烈掌声。她领导开展的短程联合化疗和消灭麻风病的特别行动计划，被誉为全球最佳的治疗行动。世界卫生组织官员诺丁博士紧紧握着李桓英的手说："全世界麻风病防治现场工作，你是做得最好的。"

多年来，李桓英被任命为世界卫生组织麻风病专家委员会成员及多次国际麻风会议主席和副主席。她申请到世界卫生组织防治经费 100 余万美元，足迹遍布云贵川贫困边远地区 7 个地州 59 个县，行程上万公里，治愈了万余名患者。成千上万的麻风病患者恢复健康，重获新生。

30 余年来，李桓英针对国内外麻风防治中存在的问题进行了多项现场研究，缩短了疗程，消除了歧视，具有明显的社会效益和经济效益。她解决了该领域的重大策略和技术上的关键问题，为我国政府制定控制和消灭麻风病的整体规划，为全球实现消灭麻风病目标的可行性提供了重要依据，作出了重大贡献。

李桓英在麻风防治研究上的成就赢得了国内外学术界的高度评价，获省级科技进步奖 6 项，主持的《全国控制和基本消灭麻风病的策略、防治技术和措施研究》获得 2001 年国家科学技术进步奖一等奖。

李桓英在麻风病防治领域已经取得了常人难以超越的成绩，但近年来年过 90 高龄的她仍然奋斗在麻风病防治研究第一线，生命不息，奋斗不止，为的就是早日实现彻底消灭麻风病的理想。她说："我国虽然基本上消灭了麻风病，但还没有彻底消灭，我们还有很多工作要做。麻风病的疫苗至今还是空白，自然疫源也不清楚，从基因水平揭示麻风病的发病机制还没人涉及……”她带领麻风病研究课题组的同志进入分子生物学研究领域，开展麻风病早期诊断、耐药基因检测和分子流行病学的研究，旨在通过对麻风病分子生物学水平的研究，在麻风病的传播方式、发病机理、检测方法等方面取得创造性突破，在麻风病传播链的研究、麻风病高发区预防措施的研究以及麻风病基因方面的研究都取得了新的成果，为彻底消灭麻风病而不懈努力……

2005 年，以李桓英命名的北京市李桓英医学基金会成立。该基金总额为 200 万元，由 19 名来自不同专业的医学专家和医院管理专家组成理事会，积极开展医学领域科学考察、研究和学术交流，加强中青年科技人才培养，资助具有学术水平高和重要实用价值的医学，特别是热带医学寄生虫病及麻风病的科学研究，奖励在国内科学研究、学术领域作出突出贡献的青年科技人才。目前，已经选送青年人才 200 余人赴国外开展学习，更好地学习科技本领，为医院发展提供新鲜血液。

# 党的关怀成就麻风防治梦想

多年来，李桓英在麻风防治领域取得了突出的成绩。她还兼任国际麻风学会理事、世界卫生组织麻风病专家及顾问，马海德基金会理事、印度麻风协会终身会员等职务，需要经常出国。当时国门刚刚打开，出国手续繁杂，北京友谊医院党委积极支持她的工作，在她下乡期间委派外事部门将她出国的手续及时办好。

根据李桓英的突出业绩，北京友谊医院党委和研究所支部也给了她极高的荣誉：她曾被推荐并担任全国政协第七、第八届委员，北京市人民对外友好协会理事，先后荣膺全国五一劳动奖章、北京市三八红旗手、北京市有突出贡献专家、全国优秀科技工作者。

1998 年，北京友谊医院党委召开了庆祝北京热带医学研究所建所 20 周年暨李桓英研究员从事现场工作 20 周年纪念活动，各界领导、朋友前来祝贺，并在劳动人民文化宫举办了李桓英事迹展览。同年，北京友谊医院党委书记亲自挂帅组建了李桓英事迹报告团在北京市巡回演讲，收到了强烈反响，随即李桓英的事迹推向了全国。

2000 年，李桓英主持的课题申报国家科技进步奖一等奖，需要组织专家到云南进行实地考察。当时科室人员少，党委书记亲自下现场

李桓英与助手在一起

帮助协调安排具体工作。随后几年，由于市场经济的发展，在全国几乎没有研究单位从事麻风病研究的情况下，友谊医院党委不仅从思想上关心麻风事业，关心李桓英的成长，而且在人才引进、科研经费上支持麻风事业的发展，明确麻风室编制，连续引进硕士 6 名、博士 1 名，并为李桓英专门配备了科研秘书。她所在的麻风室的科研设备也焕然一新，为李桓英领导的团队进入麻风病研究分子生物学时代奠定了基础。

2005 年 11 月，在北京友谊医院党委的领导下，北京市李桓英医学基金会成立，时任卫生部防疫司副司长肖东楼和马海德基金会理事长苏菲出席成立大会。基金会以李桓英的名字命名，以发展医学事业、加强科研工作、促进科技人才培养为宗旨。

2008 年 12 月，北京友谊医院隆重举行了北京热带医学研究所建所 30 周年暨李桓英研究员归国 50 周年庆典活动。庆典大会始终洋溢着热烈而温馨的气氛，在一片热烈的掌声中，林文漪为李桓英授李桓英研究员归国 50 周年纪念奖牌和鲜花。同时出版了记录热研所成长的画册和纪录片。

2012 年，李桓英在北京友谊医院党委书记的支持下，赴香港参加约翰斯·霍普金斯公共卫生学院校友会，随即受邀率队到该校讲学，搭建了和约翰斯·霍普金斯公共卫生学院在麻风病早期诊断方面开展合作研究的桥梁。

每年李桓英过生日及过春节时，北京友谊医院各届党委书记等领导都亲自看望她，问寒问暖，关心和帮助她解决工作中的困难和问题。

2016 年 9 月，第十九届国际麻风大会在北京召开。李桓英荣获首届中国麻风病防治终身成就奖。当月，95 岁高龄的李桓英怀着对党的无限忠诚向党组织递交了入党申请书，她这样写道：“在多年的社会生活和医疗工作中，我深刻领悟到中国共产党是全心全意为人民服务的党。也正是在党的培养、支持和帮助下，我为广大麻风病患者做了一些工作，取得了一定的成绩，党又给了我很多荣誉和鼓励。我虽已进入耄耋之年，但愿意以党员的身份为麻风事业奋斗终身！”在各级党组织的关心支持下，2016 年 12 月，李桓英与北京友谊医院年轻的医务工作者一起庄严宣誓，正式成为中国共产党的一员。

2019 年，为隆重庆祝中华人民共和国成立 70 周年，中共中央宣传部等部门在全国范围广泛开展了“最美奋斗者”学习宣传活动，评选表彰新中国成立以来涌现的英雄模范。98 岁高龄的李桓英光荣当选。2021 年全国妇联授予李桓英全国三八红旗手称号。

# 初　心

从　敏

我叫丛敏，来自北京友谊医院。

2016年12月27日，北京友谊医院举行了一场特殊的入党宣誓仪式。站在最前面的那位新党员，是党的同龄人，当时已经95岁高龄的李桓英教授。她说过："入党和做研究一样，都是追求真理。为人民服务了快60年，按照党员的标准，我觉得自己现在可能合格了。我虽已进入耄耋之年，但愿意以党员的身份为麻风事业奋斗终身！"作为李教授入党时的党支部书记，下面我为大家讲讲李桓英同志坚守初心、践行使命的点点滴滴。

1978年，李桓英调入北京友谊医院、北京热带医学研究所任职研究员，57岁的她选择了麻风防治这项伴随她一生的事业。在头绪繁多的工作中，她敏锐地找到了建立现场研究场所的突破性入口，开始在云南，这个麻风病猖獗的地方走访调查。调研期间，李桓英每天早上6点出发，走10公里的山路，路上经常会遇到各种危险，当时已经60多岁的李桓英，双手紧握着上方的保险绳，吊挂着在索道上滑行，下面就是湍急的河水。像这样危险的境遇，李桓英不知经历了多少次。在四川西昌，汽车翻越雪山时突然打着滚儿掉进了十几米深的山沟里，等她苏醒过来，雪地上留下一大片殷红的鲜血，她两侧锁骨和3根肋骨骨折，头部外伤缝了7针。她却还开着玩笑说："按我坐车的概率，也该翻了！"大家都劝她好好休养，她却忘记了疼痛，缠着厚厚的绷带，打着石膏继续投入新的工作。艰苦与危险没能阻挡李桓英前行的脚步，她豪爽地说，"我们做医生的，就不怕吃苦，危险对我也不是个事儿！"

从前医务人员在治疗麻风病时，往往穿得像个防化兵：白大褂、白手套、鞋套、帽子、口罩，整个人只能看见两只眼睛；放药的桌子隔着患者一米远，需要用一根小竹竿把药推到患者面前……面对社会的歧视和麻风病难以治愈的现实，不少患者心灰意冷，不愿参加社会交往，也不愿配合治疗。李桓英治疗麻风从来都是面对面地接触，没有畏惧，她主动和他们握手拥抱。她曾这样说："我甚至巴不得自己被传染上——让你们亲眼看我现在能治好它！"她还教麻风病患者穿鞋。"早晨和晚上，你们要这样。"说着，手一下子伸进患者刚脱下来的脏鞋里，"摸摸有没有沙子和钉子，再穿上。"麻风病患者手脚是麻木的，她不怕脏，就是为教给他们防止皮肤破损溃烂、自我防护的方法。她就是这样心中只有患者，唯独没有自己。

1993年，文山县一位学习成绩优秀的高三女生，在麻风病联查中被查出患了麻风病。当时离高考不到半年，女孩备受打击，不知哭了多少回。就在这时，李桓英来到了文山，她为女孩仔细地检查，亲切地扶着她的肩膀说："孩子，不用怕，现在得了麻风，就像得了一块皮肤癣，只要联合化疗一周就会失去传染性，你可以边学习，边治疗，最多两年就能治好！"女孩的脸上露出了笑容。因为联合化疗中有一种药物会造成皮肤色素沉着，李桓英专门为她设计了既不降低疗效又避免皮肤染色的治疗方案。两年中，李桓英一直惦念着女孩，一次又一次给她打电话、写信询问情况。女孩没有辜负李桓英的期望，不仅治好了麻风病，还在大学毕业后当上了教师，有了自己幸福的家庭。

后来见到李桓英时，她含着眼泪说："是老教授挽救了我的一生。"而李桓英却说，她只是做了她应该做的！也只有在中国，有党和政府的支持，麻风病才能治好！

为弘扬李桓英的精神，2005 年 7 月，首都医科大学附属北京友谊医院牵头成立了以李桓英名字命名的"北京市李桓英医学基金会"，李桓英把自己的奖金捐给了基金会，至今，已资助了包括我在内的 14 批 231 名中青年医学骨干，前往世界一流科研院所学习深造，培养了一大批爱党爱国、扎根中国大地、厚植人文情怀、具备国际视野的优秀医学人才。

在她的入党仪式上，我曾问李桓英，为什么选择现在加入中国共产党，她坚定地说："在几十年的工作中，我看到了党和国家是真真切切在为老百姓办实事、谋幸福。我取得的成绩，与党组织的关心和支持是分不开的。人的生命是有限的，如果去世后，身上不能覆盖上一面鲜红的党旗，那我会很遗憾的。"她对党和人民的赤诚，对生命的敬佑，让我十分感动。"时代楷模"李桓英正是我们千千万万医务工作者的缩影，无论面对人民群众的普通疾病，还是面对非典、新冠肺炎等重大疫情，都在用人民至上、生命至上诠释着医者的责任与担当！

# 赤　子

袁联潮

我叫袁联潮，是李桓英的助理。

我从 1994 年开始跟随李桓英工作，那年她已经 73 岁了，当时，她每年仅有 1/3 的时间在北京工作，其余时间都在麻风病现场调研、办培训班或者到国外参加学术交流。近 30 年来，我从她的身上学到了很多做人做事的道理，其中让我最感动的就是她的赤子之心和爱国情怀。

她 97 岁那年，山西省襄垣县邀请李桓英参加祖父诞辰 140 周年纪念活动，我陪她乘飞机、坐高铁、换汽车，一路上非常辛苦，但李桓英却特别兴奋，平时很少谈到个人生活的她，这次主动跟我说起了她的成长经历。

李桓英说，她的祖父是位爱国人士，曾留学日本，抗日战争期间解救过八路军战士。她的父亲曾留学德国，回国后致力于实业报国。他们的言传身教，使李桓英从小就受到良好家风的熏陶。抗战时期，颠沛流离的求学生涯，使她切身感受到战乱之苦，从而走上了从医报国之路。她考入了上海同济大学医学院，在四川李庄点着油灯发奋读书。毕业后，她前往美国约翰斯·霍普金斯大学攻读细菌学和公共卫生学硕士学位。

1950 年，凭着优异的成绩，年仅 29 岁的李桓英成为世卫组织首批官员。在世卫组织工作的 7 年时间里，她被派往亚洲、美洲等许多国家，为防治性病和雅司等疾病在贫穷落后地区的蔓延作出了艰苦努力，受到世卫组织的好评。

可有一次，在机场中转的经历却改变了她的人生道路。

李桓英在机场过境签证时，被要求必须按手印才能通过。工作人员唯独看不起中国人的情景，深深刺痛了她：中国虽然独立了，但国弱民穷依然被别人看不起。“我应该为祖国做些什么”的想法顿时在她脑海里变得清晰起来。

这时，钱学森等一大批科学家回国的消息传来，让她格外兴奋。她说,“那时的我已经 30 多岁了，作为中国人，我很渴望回到祖国怀抱，把最好的年华奉献给祖国”。1957 年，世卫组织提出了年薪 9000 美元的续约待遇，这可是当时美国人均年收入的 3 倍，但她毅然决然拒绝了。新中国百废待兴，面对富裕的生活和祖国的需要，她做出了人生道路上的重大选择。她瞒着已定居美国的家人，只身一人绕道英国、苏联等多个国家，克服重重困难，终于回到了祖国。

1964 年，三年自然灾害之后，远在美国的父母实在放心不下她独自一人在国内，专程到香港，再次动员她去美国团聚。面对年迈的父母，她说：“国内生活确实很苦，但苦的不是我一个人，很多人缺吃少穿、体弱多病。作为医生这时弃之而去，还不如当初不回国！能为祖国、为人民服务我感到自豪。”父母被女儿坚定的报国情怀深深感染了，在机场送别时，父亲的眼里含满了泪水，母亲一句话也没有说。谁也没想到，这竟是她和父母的最后一面！

1980 年，李桓英赴美访问学习时才与阔别 20 多年的亲人再次团聚。这时，她与父母已天人两隔。坐在父母的墓碑前，她的眼泪止不住掉了下来。从她独自一人踏上回国之路开始，她就知道自己将无法在父母身边尽孝，作为女儿她充满愧疚。但只要想到麻风防治事业，只要想到那些需要她的病人，她又义无反顾、无怨无悔。

在美国与弟弟妹妹团聚的日子，李桓英感到十分幸福。随着归期的临近，亲人们的劝阻也越来越深切，“大姐，您年纪大了，在中国又孤身一人，还是留下来吧……”但是为了兑现对麻风病人的承诺，她再次坚定地拒绝了亲人们的挽留，带着最新的麻风防治方法和向世卫组织申请到的药物，如期回到了祖国，再次走进了“麻风寨”。

始终惦记着“大家”的李桓英，对自己“小家”的要求却特别简单。刚回国时，她一直住集体宿舍。后来，她搬进了40平方米的房子，只有简单的家具陈设和几张老照片。我曾多次陪她回家，看到她的家里到处摆满了书籍资料，我想要帮她收拾，她总是说，你别管，这些事儿我自己都能做。97岁后，在医院党委的再三劝说下，她才同意安排钟点工去帮她打扫卫生、送送饭。她心里装的只有工作，每次组织给她申报奖项时，她总是说，组织给她的荣誉已经够多了，她只有更加努力搞好工作才能不辜负组织的培养。

孑然一身的李桓英就是这样把毕生精力都献给了麻防事业。她始终认为，自己一生做得最正确的选择就是回到祖国、报效祖国！她曾深情地说：“我为自己是一名中国人感到骄傲和自豪！如果还有来生，我还要回到祖国，用自己所学为中国人服务。”这就是她的赤子之心，走过百年而历久弥坚！在近30年的朝夕相处中，我被她的家国情怀深深感动着，也将在她的精神感召下不断前行。

# 严 师

温 艳

我叫温艳，是李桓英的研究助手。

1993 年，在我准备到她身边工作前，就有人劝我：李教授工作起来有多么地“狂”，批评起人来有多么地“狠”，脾气又有多么地“怪”，担心我受不了。20 多年后的今天，我想用自己的经历给大家介绍一下她的“狂”“狠”“怪”！

到麻风室后不久，我就领教了李教授工作的“狂”。那是 1994 年初冬，我第一次随李教授到云南麻风现场工作。两天两夜的火车，十几个小时的汽车，好不容易到了云南省文山州，天色已经很晚，大家也都疲惫不堪，李教授却连夜落实了第二天需要走访诊疗的麻风病人，要求新发患者必须都要走访到。当时我们住在当地皮防所的办公室，饭是走到哪里吃到哪里，连续在现场奔波颠簸了 2 个月才完成了既定工作任务，回到北京已经是年末。

由于连续奔波，李教授的膝关节病复发了，不得不住院做了膝关节手术，因为身边没有亲人，我要来陪床，她却一口回绝说：“我不需要任何照顾，我需要你去完成实验。”医院让她必须卧床两周，她却在第三天就拄着拐杖溜回了办公室。我们夜以继日，加班加点。当我终

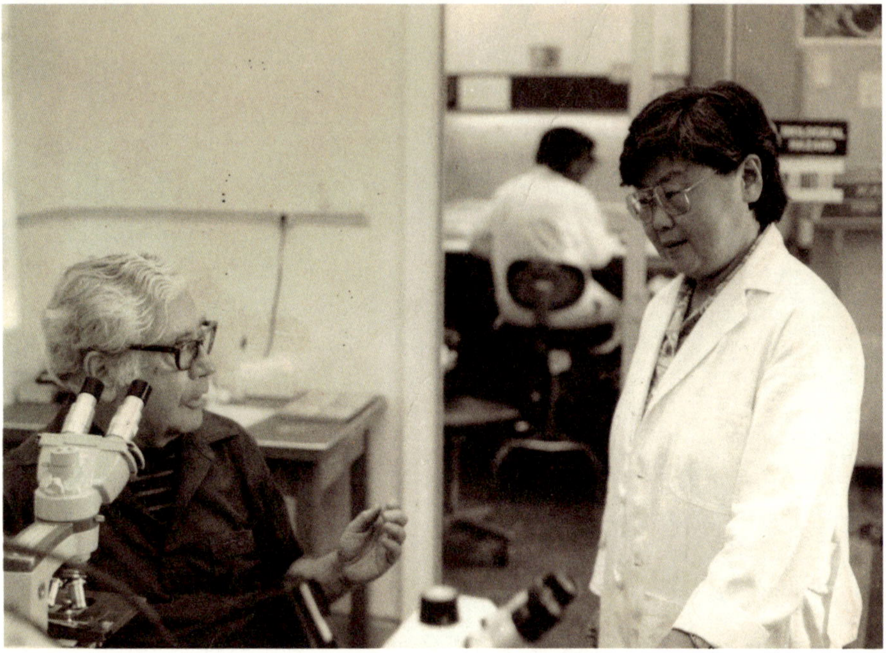

1981 年，李桓英访问美国路易安娜州卡维尔麻风中心与犰狳接种麻风菌实验研究专家讨论工作

于完成实验时，已是春节前夕，大街小巷到处张灯结彩。我想，这回该松口气了吧？谁知，她又要加班，分析数据，总结实验结果。我真想不通，多年来，她就没有过过节假日，今年春节难道她还要带病工作吗？这也太不要命了吧！她似乎看透了我的心思，严肃地说："想干事业，就别怕付出，若要计较，就什么事也干不成。"当听着窗外传来的爆竹声，看着她专心致志地干着那些枯燥乏味的手工统计工作，一股敬佩之情油然而生。

有人说她"狠"，说起来的确令人难堪，除了不留情面地批评你，有时甚至"上纲上线"。记得有一次，李教授在我做的麻风病人血清抗体的散点图中，查出少了一点，非常生气，当即指出。可我觉得散点图看的是趋势，不是看点，读文章的人并不会注意这些点数对不对。这样数点，太苛刻了！虽然觉得她是在挑刺儿，但我没敢表现出来，并且也立即改正过来，但她却不依不饶接着教训我说："对待工作就应该认真、仔细，从一开始就要严格要求，以后才不会犯同样的错误。"我忍耐着没说话，后来她更加严厉地说："文章和数据要拿到国际会议上去宣读，我们代表的是国家，如果错了，受到影响和损害的是国家的声誉呀！"这帽子太高了！我真有些受不了。虽然当时我没有理解，还有些情绪，但所有的话我都深深刻在了我的心里。后来，我再也没犯过同样的错误。

在后来的工作实践中，我才感受到，她的苛刻培养了我严谨的工作作风，使我终身受益。特别是2010年，在李教授的推荐下，我参加了与约翰斯·霍普金斯大学合作开展的"麻风病早期诊断现场应用"的研究课题，外国同行的那种严谨、周密，我能很快适应；我也更深刻地意识到，严谨的作风和科学的态度，是科学研究不可或缺的品格，也是中国融入世界的必经之路。

在严格要求的同时，她也给了我们深切的关怀。有一年冬天，李教授看见一个生活困难的同事，穿得比较单薄，她就从刚获得的奖励中拿出钱来，让她去买一件厚实点的羽绒服。我在国外学习期间，她曾语重心长地对我说，许多人问她回国工作是否后悔，她说，没什么可后悔的，是回国工作为她开辟了更广阔的专业发展空间。我知道，她这是在让我自己去比较、去思考，是在告诉我，祖国才是我们事业发展的热土，才是我们施展才华的巨大舞台。

她的执着追求和坦诚率真，使李教授有点"不识时务"，也让许多人说她"怪"。是啊，一个在国外生活多年的女专家居然与千年穷病麻风病纠缠到了一起，这难道不"怪"吗？20世纪80年代初，世界卫生组织资助了15辆车，组织考虑她腿脚不便，准备留一辆给她代步，但是她全部分配给了麻风病高发区，这难道不"怪"吗？她从不讲究吃穿，生活简朴，但遇到需要帮助的病人，她都会慷慨解囊，这难道不

“怪”吗？她一向敬重她的老领导马海德博士，但因为学术上的不同见解，甚至会和马博士争论得面红耳赤，这难道不“怪”吗？在她身上，这样的“怪”事还有很多很多。

我和李教授相处 20 多年，深深感到，她确实很“狂”，那是对工作的“狂”，“狂”得令人敬佩！确实很“狠”，那是恨铁不成钢的“狠”，是有感情的“狠”！确实很“怪”，那是境界高于常人的“怪”！正是这种“狂”“狠”“怪”，才成就了她今天的事业。李教授是我事业上的师长，也是我和广大医务工作者永远学习的楷模和榜样！

# 丰 碑

潘春枝

我叫潘春枝，来自中国麻风防治协会。

1985 年协会刚成立时，李桓英就当选为副会长。我 1987 年到协会工作，认识她已经 34 年了，一直很敬佩她。2011 年，我参加了中国科协开展的李桓英先生学术成长资料采集工作，系统梳理她的资料后，我再次被她的科学精神和科学家风范深深打动了。

麻风病是一种古老的疾病，已有 3000 多年的流行史，它是由麻风分支杆菌引起的一种慢性传染病，主要侵犯皮肤和周围神经，历来是备受歧视的、致残的“不治之症”。

早在 20 世纪 60 年代初，李桓英所在的中央皮研所要求做一个麻风菌抗原试验。她克服了重重困难，终于成功提取了麻风抗原。为了验证抗原的有效性，顾问马海德博士和李桓英都提出，先在自己身上进行试验。

这次，李桓英“顶撞”了马海德，她说“我一个人来就行！”她的理由似乎很充分：我年轻，去过东南亚传染病现场，身上的抗体比马老多。她还说，给我的两只胳膊都打上吧，这样就能做对比试验了。要知道，当时治疗麻风还没有特效药，如果感染了，就真成麻风病人了，也就名副其实地为麻风防治事业“献身”了。

马海德拗不过李桓英，就在她的两个胳膊上分别注射了0.1毫升超声过的和没有超声的麻风菌素。大家都为她捏了一把汗，一个月的时间里，李桓英的双臂都出现了结节、溃疡，好在最终没有出现不良反应。终于，注射的地方结疤了！用这个疤痕做的医学切片，就是鉴别麻风的证据。试验成功了！大家都很高兴。我采访她时，李桓英指着两处疤痕风趣地说：“这就是马老留给我的宝贵纪念呀！”是啊，这就是李桓英最早献身麻风科研留下的最美印记。

如果说，这次经历是考验“胆量”的话，那我更敬佩她在科研工作中终而复始求真务实的科学精神。

我在她的办公室里看见过一张云南、贵州、四川的地图，上面插了20多面三角旗，她骄傲地告诉我：“这上面的地方我都去过。这里面7个麻风高发区，是我选定作为治疗试点推广的地区。”

1983年在云南试点时，为了试验的规范性和日后的监测，李桓英干脆把试验室搬进了人人恐惧的“麻风寨”！事实证明，如果没有险中求真、险中求实的探索，就不会有日后的创新成果。她严格要求试验人员进行细致的检测和记录。一套包括47例病人的病案，连续27个月翔实记录了病人每天每次的用药等情况。如此严谨细致的记录，深深地震撼和感动了在场的工作人员。在深入云南16个州的14个麻风病高流行区时，她悉心指导帮助当地医疗卫生人员因地制宜开展工作，留下了一支永远驻守的麻防科技队伍。

为了寻求更好的治疗方法，李桓英敢于解放思想、开拓创新，将国外先进的治疗方法与中国实际相结合，率先开展服药24个月就停药的现场短程联合化疗试点研究，攻克了麻风的治疗难题。1986年，卫生部在全国推广这一方案，使全国麻风病人从11万人降至不足万人，年复发率仅0.03%，远低于世卫组织小于1%的标准。

其实，联合化疗是20世纪80年代初首先在印度临床试验的，但因为缺少现场试验数据，无法推广。只有在我国，有省、地、县三级防治网，有各级党和政府的坚强领导，麻风防治的各项措施才能有效推广。每次李桓英介绍我国的联合化疗推广经验时，她总是骄傲地强调，这是政府行为，这就是中国特色社会主义制度的优势！这也是外国同行们最羡慕而又无法复制的。

1994年，短程联合化疗治疗方案被世界卫生组织在全球推广。1996年，李桓英又率先在国内开展消除麻风运动，创造性地提出了将麻风病垂直防治与基层防治网相结合的模式，极大促进了麻风病人的早发现、早治疗。

在第十五届国际麻风大会上，世界卫生组织官员诺丁博士紧紧握着李桓英的手说："全世界麻风防治现场工作，你是做得最好的！"今天，我们赞颂李桓英是致力于建设人类卫生健康共同体的麻风防治专家，她受之无愧。她取得的卓越成绩在世界麻风防治领域树立了不朽的丰碑！

生命不息，奋斗不止。90多岁时，李桓英仍然奋斗在麻风防治一线。她说："我国虽然基本上控制了麻风，但还没彻底消灭，我们还有很多工作要做。"她又带领团队瞄准麻风研究的瓶颈问题，用分子生物学方法研究麻风的早期溯源问题。至今，我们依然还能看到头发花白的李桓英先生，拿着放大镜认真看着英文期刊，她说："我老了，下不了现场了，但我愿搭起一座桥梁，把国外先进经验告诉国内的年轻人。"

2016年9月，习近平主席在致信第十九届国际麻风大会时提出："创造一个没有麻风的世界"是全球麻风控制的终极目标。任重而道远，让我们携起手来，一起为全人类的麻风防治事业继续不懈努力！

# 大 爱

岩 糯

我叫岩糯，我现在在云南省西双版纳州勐腊县勐仑镇曼喃醒村。40多年前，我们这里还是人人害怕的“麻风寨”。大摩雅李桓英奶奶的到来，彻底改变了这一切。

我的父亲刀建新曾担任过勐腊县委副书记。就在他满怀热情努力工作时，却被诊断患了麻风病。父亲知道，谁得了这病，就会被赶出村寨，在偏僻山林里，自生自灭。为了不传染他人，他忍痛放弃了工作岗位，搬进了“麻风寨”。但是他没有忘记自己是共产党员，努力带领村民生产自救，还当上了“麻风寨”的村长。因为缺少有效治疗，父亲的手脚都严重畸形残缺了，常常一个人默默地坐在黑暗的茅草屋里发呆。

1979年的一天，大摩雅走进了我们家黑暗的茅草屋，她看见在屋里发呆的父亲，主动伸出手，一下子就握住了父亲的手，还给了他一个结实的拥抱！这可是他得病后，第一次第一个和我父亲握手拥抱的人呀！我们寨子只有我父亲会说汉语，可他一时竟说不出话了！我们在场的人都惊呆了！整个寨子都沸腾了：“天哪，北京来的大摩雅不怕麻风病！”

这时，一个小女孩牵着患麻风病双目失明的妈妈，小心翼翼地来到大摩雅面前，说："你快帮我妈妈看看吧，她不能给我做饭了，我好饿呀……"大摩雅弯下腰，抚摸着她说："我一定带着药来，一定带着医生来，帮你们治好病！"

1983年春节前，大摩雅真的带着免费的新药来了，还在村里住下了！后来我们才知道，那是从世卫组织拿来的药。药效怎么样，当时大家心里都没底。有位老人，开始说什么也不肯吃药，大摩雅就亲自上门送药，苦口婆心地劝。她离开村子时，就把药交给我，让我每天去送药，看着老人把药吃下。她还亲自给病人打针、喂药，帮助失去劳动能力的人料理生活，有些人卧床不起，大便干燥，她就亲自给病人挖大便。病人感动地说，"从来没见过这么好的大夫，比我爹娘还亲"。

没想到，有些人吃了药后，脸上开始发红、发紫，村民们吓坏了，有的病人就拒绝服药，甚至把药扔进水塘里。她又开始挨家挨户做工作，拍着胸脯向所有村民保证："只要坚持吃药，这些症状都会消失的，我每年都来，治不好我就再找新药！"

半年、一年、两年、五年……大摩雅每年都来我们村查看，看着所有服药病人身上的肿块消失了，麻木的皮肤有了知觉，最终，47例重病患者全部治愈了！这也包括我的父亲。他含着眼泪，发自肺腑地说："麻风病把我们变成'鬼'，是李教授又把我们从'鬼'变成了人。"

我也是大摩雅的病人。在我5岁那年，大摩雅发现我的屁股上有一小块儿颜色比较浅，就指甲盖那么大，用棉签毛扫一扫也没感觉。大摩雅说，这正是早期麻风病的特点，没关系！马上治疗一点问题也没有！我就幸运地成了麻风病"早发现早治疗"的典型案例，病很快就治好了。

我们感激她，也心疼她。她到我们村，坐的是被掏空了树干的小船。有一次，小船在河里翻了，大家赶紧去救她。等把她救上岸后，她却哈哈大笑地说：“放心，我胖得像皮球，不会沉下去。”大家又劝她把湿衣服换下，她却无所谓地说：“天气热，没关系，正好凉快凉快。”然后，就穿着湿透了的衣服进了我们村，直到把一天的工作干完。

因为天气炎热和旅途劳累，一天下来，她实在太累了，就躺在了我们家竹楼的爬垫上休息。村里的妇女们看到了，赶紧过来为她“按摩”，有揉背的，有捶腿的，有捏胳膊的……在一片欢声笑语中，人们已分不清谁是医生，谁是病人，看上去就像一家人一样。

1990 年 4 月 17 日，是我们永远难忘的日子。勐腊县县长宣布，南醒“麻风寨”更名为“曼喃醒”，正式纳入行政自然村管理。一群身穿鲜艳傣家服装的妇女，向我们的恩人献上了亲手制作的傣家裙，戴上了鲜艳的花环，大摩雅和我们手拉手，像孩子一样忘情地跳起了傣家舞。

后来，大摩雅还来过很多次。最让我们感动的是，94 岁高龄时，她还拄着拐杖来到我们村检查疾病防治。临走时，我们送大摩雅，她拉着一位村民的手，略带伤感地说：“现在你们的病治好了，我的年纪也大了，可能以后不能常来了，就请县里的马医生他们多来看看你们吧。”说着说着，眼泪就流了下来。村民们更是个个泪流满面，依依不舍地握着她的手，一直把她送到河对岸。

大摩雅李奶奶，我们想念您。您已经有好几年没来我们这里了，我跟您说说我们这里的变化吧。您经常走过的那片橡胶林已经开始赚钱了；原来的草顶竹楼已经变成了宽敞明亮的傣家别墅；好多人家都买了小汽车，生活越来越好了；勐醒河上有了桥，再也不用担心翻船了。我们每个人都健健康康的，您放心吧。您也多保重，我们有机会一定到北京看您！

# 大　家

辛有清

我叫辛有清，是北京友谊医院的党委书记。

“没有百姓就没有我”“这些都是我服务过的人”，多么自然而深刻的话语呀！李桓英同志以她传奇般的百年奋斗经历，鲜明体现了心有大我、赤诚报国的爱国情怀，生命至上、护佑苍生的医者仁心，求真务实、勇于攀登的科学精神，坚守初心、践行使命的党性修养，她不愧是“时代楷模”和我们的人生榜样！

在这几年我与李桓英的接触中，她的生动事迹常让我深深思考，我们应该如何爱国，我们医务工作者应有什么样的情怀，科技工作者应该怎样奋斗，作为共产党员必须执着追求什么。

新中国成立，中国共产党领导我们实现了国家独立和民族解放，让身居海外的李桓英深受触动。那时的她，拥有中、美两国两个知名学府的学习经历，还有世卫组织的工作经历，这在很多人看来是走上了人生的巅峰，但她却做出了大家意想不到的选择。1958 年，她婉拒了世卫组织高薪续约，离开父母亲人，毅然回国工作，用所学报效祖国、医治患者。父母曾多次劝她去美国团聚，她却说：“当初选择了回国，我就不能反悔。”在她看来，“爱国”并没有什么值得自我标榜的，

李桓英在四川现场检查患者病情

因为“我是中国人，不能忘本”。她就是这样，把一颗滚烫的心交给了祖国，把满腔纯朴的爱献给了人民，用一生的奋斗去实现报国爱国这个无悔的誓言。习近平总书记说：“爱国，是人世间最深层、最持久的情感，是一个人立德之源、立功之本。”家国情怀、赤子之心，这正是李桓英的立德之源、立功之本。

1978年，已经57岁的李桓英全身心投入令人望而生畏的麻风的防治事业，她把医者的同情转化为对患者的关爱，从未因任何艰难险阻而动摇胆怯。年事已高的李桓英长期奔波在云贵川贫困边远地区，7个地州59个县，几乎每一个村寨都留下了她的足迹。在深入“麻风村”的途中，她曾经4次遇险，2次翻车、2次翻船，这些都没有令她退缩。正是医者的人间大爱，赋予她不竭的前行动力。在党和政府的坚强领导下，我国三级医疗网络逐步完备，麻风防治策略在全国迅速推广，中国特色社会主义制度的优势和国家制度体系的支撑，为李桓英同志防治麻风病提供了强有力的支持和保障。在她的精心医治下，数以万计的麻风病人解除了疾患，回归了社会，也拥有了幸福的家庭。她用一辈子的实践诠释着医者仁心、大爱无疆，坚定而有力地告诉世界，在中国人民至上、生命至上。

李桓英不仅是一位敬佑生命的医者，更是一位执着奋斗的科学大家。为获得第一手研究材料，她坚持把临床研究现场放在“麻风村”，每年有 1/3 以上的时间都在那里度过。她研究推广的短程联合化疗方法，开创的麻风病垂直防治与基层防治网相结合的模式，被称为麻风病全球最佳的治疗行动。习近平总书记强调：“广大科技工作者要把论文写在祖国的大地上，把科技成果应用在实现现代化的伟大事业中。”10 年间，她用脚步丈量麻风村寨的每一寸土地，在临床研究、治疗方法和防治策略上都作出创造性成就，为病患带来希望和新生。李桓英用科学与无畏，执着与坚守，为我国乃至世界消灭麻风病作出了突出贡献。

2016 年，95 岁高龄的李桓英怀着对党的无限忠诚，向党组织递交了入党申请书，决心以党员身份继续为麻风事业奋斗终身。在她的心里，入党崇高而神圣，她说，“这回我该够格了吧”。这是一位科学家坚定的政治信仰，是对党的信念的执着追求！每当取得了成绩，她总是说：“传染病防治是一个高效医疗、有力政府和健康社会共同协力的事业，只有在今天的中国，我的事业才能取得成功。我是赶上了好的国家、好的时代，我只是做了我应该做的事。”时至今日，她依然努力研究，孜孜不倦，坚毅而执着地告诉我们：“我已经 100 岁了，我争取再工作 10 年，回报组织和领导的关怀关心，为彻底消灭麻风作出自己的贡献。”

李桓英是最早和最年轻的在世界卫生组织任职的中国科学家，也是在麻风病防治领域致力于建设人类卫生健康共同体的探索者和实践者。在她的争取下，世卫组织的药物和医疗物资为中国麻风病防治工作提供了积极支持，她又将中国防治麻风的成功方案贡献给世界，为实现没有麻风的世界作出了特殊贡献，这正是国际主义精神和共产主义精神的最好诠释。

李桓英用一个世纪的人生实践，回答了报国爱国、科学为民、医者情怀和对党忠诚的人生之问，我为我们友谊医院有这样的“时代楷模”感到无上荣光。她的事迹感染激励着我们，也将转化为新一代友谊人和首都医务工作者、科技工作者前行的不竭精神动力。新征程新起点，习近平总书记为我国卫生健康事业指明了方向，我们将从党的百年奋斗历程、从党的英雄模范中汲取信仰的力量、坚守的力量和奋斗的力量，为建设健康中国、增进人民福祉作出新的更大贡献！

# 视频链接

# 中共中央宣传部关于授予李桓英同志“时代楷模”称号的决定

李桓英，女，汉族，1921 年 8 月生于北京，中共党员，世界著名麻风病防治专家，首都医科大学附属北京友谊医院医生，北京热带医学研究所研究员。20 世纪 50 年代初，她曾在世界卫生组织工作 7 年，为了新中国的卫生健康事业，舍弃国外优厚条件，回国投身麻风病防治工作，长期面对面接触麻风病人，严谨细致开展临床试验，科学稳妥进行治疗研究。她推广的短程联合化疗方法救治了无数的麻风病患者，她提出的垂直防治与基层防治网相结合的模式，被称为麻风病全球最佳的治疗行动，为我国乃至世界麻风病防治工作作出了巨大贡献。曾荣获国家科技进步奖一等奖、首届中国麻风病防治终身成就奖，2019 年荣获“最美奋斗者”称号，2021 年入选“3 个 100 杰出人物”。

李桓英同志是党领导卫生健康事业发展的见证者、亲历者和参与者。她对党忠诚、热爱祖国，始终心系人民健康福祉，把毕生精力贡献给了卫生健康事业；她视病人如亲人，精心医治、破除歧视，为数以万计的病患解除了疾苦；她尊重科学规律、坚守科学认知、勇于探索创新，致力于建设人类卫生健康共同体，为破解麻风病防治的世界难题贡献了中国智慧，鲜明体现了心有大我、赤诚报国的爱国情怀，生命至

2021 年，李桓英获“时代楷模”称号

上、护佑苍生的医者仁心，求真务实、勇于攀登的科学精神。为宣传褒扬她的先进事迹和崇高精神，中共中央宣传部决定，授予李桓英同志“时代楷模”称号，号召广大党员干部特别是科技工作者、医务工作者，以英雄模范为榜样，认真学习贯彻习近平总书记“七一”重要讲话精神，更加紧密地团结在以习近平同志为核心的党中央周围，立足两个大局，心怀“国之大者”，大力弘扬伟大建党精神，从中国共产党人的精神谱系中汲取前行的智慧和力量，在新时代新征程上真抓实干、埋头苦干，继续为实现人民对美好生活的向往不懈努力，为党和人民争取更大光荣。

新华社北京 2021 年 8 月 20 日电

扫码观看发布仪式

《时代楷模发布厅》

编　辑：孙　岭
王　燕　邓　晶　孟　琛
黎　甜　巩　雪　张薏谨

中央电视台，2021 年 8 月 20 日